Uwe Heimowski

EIN HERZ FÜR HOFFNUNGSLOSE FÄLLE: Elke und Uve Simon

Impressum

Der Oncken Verlag ist eine Gesellschaft der OnckenStiftung, einer gemeinnützigen Stiftung, die sich für die Förderung und Verbreitung christlicher Bücher, Zeitschriften und Musik einsetzt.

1. Auflage 2015

Satz und Covergestaltung: Edward de Jong, Oncken Verlag
Coverillustration: privat
Printed in Germany 2015
www.oncken-stiftung.de

Inhalt

Vorwort: Der Pirat und die Prinzessin

Uve, ich habe mir einen Arbeitstitel für das Buch überlegt. Beim Frühstück habe ich ihn den Kindern erzählt, die sind ganz begeistert."

„Ja?", die knarzige Stimme klingt neugierig, „wie soll es denn heißen?"

„Ich dachte an: Der Pirat und die Prinzessin."

Er schweigt. Sein Kopf nickt bedächtig, langsam breitet sich ein Lächeln auf seinem Gesicht aus. „Doch", sagt er langsam, „das könnte passen. Das ist gar nicht so schlecht." Meine Bemerkung war halbwegs als Scherz gedacht. Aber eben nur halbwegs, denn da ist was dran:

Wer Uve Simon ansieht, dem kann es tatsächlich passieren, den mächtigen Kerl für einen Piraten zu halten. Nur Enterhaken, Augenklappe und Holzbein fehlen. Die grauen Haare sind zu einem Zopf gebunden und fallen ihm bis in den Rücken. Der Bart, mal lang, mal kurz geschoren, wallt heute als ein buschiger Saucenfänger über die breite Brust. Seine Kleidung: Stoffhose und Hemd, manchmal eine Weste, ist meistens dunkelgrau oder schwarz. Um den Hals trägt Uve Ketten mit großen Anhängern – wie ein Hipphopper aus der Bronx: das Emblem des Cowboyseelsorgers, das er in Colorado/USA überreicht bekam, und ein schweres, bischöflich anmutendes Kreuz. Beide Schmuckstücke liegen auf der Fülle eines mächtiges Bauches. Noch kräftiger sind die Hände. Riesige Pranken, die enorm zupacken können und dabei erstaunlich flink sind. Die Statur und die Hände eines Bären. Uves Füße stecken in schwarzen orthopädischen Schuhen, seit einem Verkehrsunfall im Jahr 1981 geht er am Stock, jeder Schritt tut ihm weh.

Und dann ist da diese Stimme: unverwechselbar Uve. Laut und zugleich leise; kräftig und zugleich dünn. Die Stimme ist heiser, immer. Sie knarzt wie ein Stück Leder und quietscht wie eine schlecht geölte Tür. Er kann sie zu einem Donnergrollen anschwellen lassen, das jeden Saal ausfüllt, und sofort Respekt einflößt und die Aufmerksamkeit der Zuhörer gewinnt.

Uve erzählt gerne und ausführlich. Da sind spannende Geschichten dabei, er hat eine Menge erlebt, viele spannende Menschen getroffen. Uve ist ein Glaubensabenteurer, mitunter klingen seine Erinnerungen tatsächlich etwas nach Seemannsgarn. Nur dass sie nicht erfunden sind.

Und doch, Erscheinungsbild hin, Seemannsgarn her: Uve ist kein Pirat. Er ist ein Original. Er ist ein harter Hund mit einer heftigen Biografie. Aber in der harten Schale steckt ein weicher Kern. Er ist viel zu sehr ein Christ, ein Seelsorger und ein Sozialarbeiter, als dass man ihn auf den Piraten reduzieren könnte.

Elke Simon – eine Prinzessin? Ja und nein. Ja, sie ist eine aparte Frau, die auch mit 65 Jahren noch jugendlich, fast mädchenhaft aussieht. Sie ist der ruhige See an der Seite eines Vulkans. Die Konstante, die Brave. Sie hat etwas Feinsinniges, Edles an sich.

Elke ist bescheiden. Diese Art von Bescheidenheit, die sich mitunter der eigenen Stärke und Ausstrahlung gar nicht bewusst ist. Ihre Kleider sind schlicht, ihre langen Haare zu einer einfachen Frisur gestaltet. Und doch steckt da etwas Stolzes, Streitbares in ihrem Blick. Nicht hochmütig, nicht von oben herab – aber wer mit ihr spricht, erkennt schnell: Die gibt nicht klein bei, die weiß, was sie will.

Elke Simon ist eine Dienerin, sie opfert sich auf. Für den Mann, für die Familie, für den Dienst an Menschen. Aber das macht sie nicht kleiner, als sie ist, sie steht auf Augenhöhe mit ihrem Uve. Und wehe einer kommt ihrem Mann oder ihren Kindern zu nahe! Da fährt sie die Krallen aus.

Ein Prinzesschen ist sie nicht. Da spürt man keine Verwöhntheit, kein Getue oder Gezicke. Elke ist höflich, aber gerade heraus; bescheiden, aber ehrlich dankbar; verletzlich, aber nicht empfindlich. Sie bringt großen Einsatz, ist opferbereit, aber sie kann sich auch mal etwas gönnen, und sei es nur, samstags auszuschlafen. Sie spielt Klavier und sie liebt die Natur, Schätze, die sie sich seit ihrer Kinderzeit bewahrt hat. Aus diesen Quellen heraus arbeitet sie seit Jahrzehnten unermüdlich an der Seite ihres Mannes.

Gemeinsam sind sie im Einsatz für die Gestrauchelten unserer Gesellschaft.

Jens Gast, Pastor in Dessau und langjähriger Freund der Familie, lacht, als ich ihm von dem Wort „Prinzessin" erzähle: „Na, sie ist wohl eher eine Löwin, so wie die kämpfen kann."

Lars, dem jüngeren der beiden Simon-Söhne, fällt das gleiche Bild ein: „Sie ähneln einem Löwenpaar, weil sie ihm den Rücken frei hält. Hinter jedem starken Mann steckt eine starke Frau."

Welches Bild man auch bemüht. Sie sind ein besonderes Paar. Dieser Pirat und seine Prinzessin, diese Löwin und ihr Löwe.

Sie sind nicht einfach, die zwei. Sind nicht stromlinienförmig. Sie passen in kein Schema. Aber sie sind fromm und fleißig, treu und tatkräftig. So unterschiedlich aufgewachsen und doch seelenverwandt. So verschieden und doch genau dadurch ein Ganzes.

Seit 2012 sind Elke und Uve Simon im Ruhestand. Noch immer läuft eine Menge im Hause Simon. Noch immer fressen sie Kilometer auf der Landstraße für Vorträge, Seminare und Coachings.

Doch nun nehmen sie sich Zeit, mir ihre Geschichte zu erzählen.

Familie Simon, 2011

Uve: Ein Kriegskind

Uve Simons Lebensgeschichte beginnt ein halbes Jahr vor dem Ende des Zweiten Weltkrieges. Europa steht in Flammen, Deutschland liegt in Trümmern. Die Menschen sind desillusioniert. Sie sehnen das Ende des Krieges herbei. Und doch bricht das Leben sich Bahn.

Hildegard Sophie Momberg hatte jung geheiratet. Als sich mit 23 Jahren das erste Kind ankündigt, steht ihr Mann, ein Flame, wie alle Männer im wehrfähigen Alter, an der Front. 1942 kommt ihre Tochter Siegrid zur Welt. 1942, das Jahr, in dem die Deutschen Truppen in der Schlacht bei Stalingrad untergingen, und der Krieg eigentlich verloren war. Auch Hildegard Mombergs Mann fällt an der Ostfront. Sein Kind wird als Halbwaise geboren.

Für die Kriegswitwe und ihre Tochter geht es in diesen Tagen, Wochen und Jahren ums blanke Überleben. Alleine durchzukommen, ist fast nicht möglich. Und so ist Hildegard Momberg erleichtert, als sie einen Mann findet, der für sie und das Mädchen sorgt. Dann wird sie erneut schwanger. Unverheiratet. Das war damals – allen Umständen zum Trotz – ein Skandal. Für eine doppelbödige Moral war auch im zerbombten Nazi-Deutschland noch Platz.

Uves Vater ist Mitglied der NSDAP und überzeugter Nationalsozialist. Während seines Studiums als akademischer Drogist in Braunschweig, einem heutigen pharmazeutischen Ingenieur vergleichbar, wird er Mitglied einer schlagenden Studenten-Verbindung und eines Freimaurerordens.

Bald nach dem Diplom sattelt er um und geht in die öffentliche Verwaltung. Als gut vernetztes Parteimitglied öffnen sich ihm verschiedene Türen, und er steigt schnell die Karriereleiter hinauf. Vater Simon wurde nach seinen Erzählungen Beauftragter des Reichsluftschutzbundes in West- und Ostpreußen. Seinen Status unterstreicht der Dienstwagen: Er unternimmt seine weitläufigen Dienstreisen im Maiwald, einem Luxusauto.

Hildegard Momberg, die junge Mutter, war eine attraktive Frau. Sie ist als Gruppenführerin in der nationalsolistischen Mädchenorganisation Bund deutscher Mädchen (BDM) aktiv. Über die Partei lernen die beiden sich kennen und verlieben sich. Die Kriegerwitwe findet den Halt, den sie braucht. Bis das neue Baby sich ankündigt. Das passt nicht in die Karriere des Mannes.

Der Vater streitet die Vaterschaft ab. So wird der gesunde Junge, den die 26-jährige Hildegard 1944 zur Welt bringt, zum „Mündel Momberg“. Mündel, das ist in der Amtssprache jener Zeit der Ausdruck für ein Kind, dessen Mutter bekannt, dessen Vater aber unbekannt ist. Die Mutter steht nun mit zwei Kindern alleine da. Moralisch geächtet, der Säugling fordert Kraft – und zu allem Überfluss steckt sich die zweijährige Tochter im Luftschutzbunker mit Meningitis an, aus der sie eine lebenslange geistige Behinderung davon trägt.

Wie ein Symbol für diese Tage steht der Name „Uve“. Bei der Namensgebung schleicht sich ein Fehler ein. Die Hebamme, eine Finnin, füllt nach der Entbindung die Papiere aus – und schreibt den Namen, wie sie es von zu Hause gewohnt war. In die Spalte Vorname kommt: „Uve“ – mit „v“. Damit ist amtlich, was sich durch Uves Biografie ziehen wird: Er ist anders als die anderen.

Deutschland verliert den Krieg, die Alliierten machen den Nazis den Prozess. Uves Vater hat sich aktiv keiner Kriegsverbrechen schuldig gemacht, er wird nicht verurteilt. Er kommt für zwei Jahre, von 1945 bis 1947, nach Bad Kreuznach zur „Umerziehung“ in ein Lager der Amerikaner.

Während dieser Zeit stellt sich heraus, dass er durchaus ein Mann war, der seine Meinung auch gegen den Kurs der Partei sagen konnte. Selbst als hohes Tier bei den Nazis war er mit der Verfolgung der Juden nicht einverstanden. Als er sich bei einer Gelegenheit öffentlich dagegen aussprach, so erzählte er, wurde er kurzerhand ins Gefängnis geworfen worden, wurde verhört und gefoltert. Durch die Schläge trägt er einen dauerhaften Augenschaden davon. Nur durch die guten Kontakte seines Bruders, eines Offiziers des Generalstabs des Heeres, kommt er aus der Haft, wird begnadigt und als Unteroffizier zur Flak der Luftwaffe versetzt. So kam er nach Kassel und lernte Hildegard kennen und lieben.

Fast hätte ihn die Geschichte das Leben gekostet. Hier, im Lager in Bad Kreuznach, öffnet sie ihm den Weg in die Zukunft. 1947 wird er entlassen und arbeitet in verschiedenen Stellen der öffentlichen Verwaltung.

Uves erste Lebensjahre liegen im Dunkeln. Zu Hause wird über diese Zeit fast nie gesprochen. Uve kann vieles nur vermuten. Die Strapazen für die Mutter, die den Jungen und seine behinderte Schwester in den ersten Jahren alleine durchbringen musste, lassen sich nur erahnen.

Zur Umerziehung in Bad Kreuznach gehört neben der beruflichen Rehabilitierung auch die persönliche. Uves Vater muss damit beginnen, sein Leben neu zu sortieren und Verantwortung zu übernehmen. Als er Hildegard Sophie Momberg einen Heiratsantrag macht, um seine Verhältnisse zu ordnen, besteht diese darauf, ihn nur dann zu heiraten, wenn er das gemeinsame Kind annimmt. Auch der evangelische Pfarrer stellt ihm diese Bedingung. Der Vater willigt ein, es wird eine Haustrauung durchgeführt. Davor gibt es noch die Haustaufe des kleinen Uve. Der ist damit nun auch offiziell Kind seines Vaters. Seinen Familiennamen Simon erhält Uve, das geborene Mündel Momberg, also erst 1947.

Die nächsten Jahre im Hause Simon verlaufen typisch für eine deutsche Familie der Nachkriegsjahre. Der Vater macht Karriere. Nach verschiedenen beruflichen Stationen bekommt er eine verantwortliche Stellung in der Justizvollzugsanstalt (JVA) Kassel. Die Familie lebt in einem kleinen gutbürgerlichen Zweifamilienhaus im ruhigen Stadtteil Kassel-Oberzwehren. In der ganzen Stadt ist Herr Simon ein angesehener Mann. In den 1960ern wird er SPD Mitglied – wegen der Karriere.

Die Welt scheint in Ordnung.

Doch nach innen sieht es anders aus. Uves ältere Halbschwester, die in Folge der Meningitis und der Kriegserfahrungen auch psychische Probleme entwickelt, ist in ihrer Entwicklung gestört, sie braucht viel Zuwendung. Die Mutter hat wenig Kraft, sich um den Sohn zu kümmern.

Der Vater, der beliebte und angesehene Staatsbedienstete, zeigt in der Familie ein anderes Gesicht. Uve erinnert sich an seinen Vater als „ungebremsten jähzornigen Choleriker". Eine kleine Szene brennt sich ins Gedächtnis des Jungen ein: „Ich war drei oder vier Jahre alt. Da lieh sich mein Vater einen Fotoapparat aus, eine Agfa Optima. Ich sollte still und brav sitzen. Doch dann klappte etwas mit der Technik nicht, und es dauerte. Der Vater wurde immer ungeduldiger. Ich musste still sein. Endlich war es soweit. Doch bevor er abdrückte, sagte mein Vater noch, es käme ein Riesenvogel dort vorne raus. Ich bekam einen Riesenschrecken und fing an zu weinen. Mein Vater explodierte. Bis heute habe ich im Ohr, wie er geschrien hat."

Das war typisch für Vater. Er war von seinem Charakter her eigentlich der gütigere der Eltern. Doch er trank. Zunächst heimlich, dann immer öfter, schließlich regelmäßig, erinnert sich Uve. In Krisen und bei Stress wurde richtig gesoffen.

Ohne Alkohol war er den Kindern gegenüber ein umgänglicher, netter Vater. Nur betrunken war er unberechenbar und jähzornig. Die Familie musste jederzeit mit dem nächsten Wutausbruch rechnen.

Zur Mutter allerdings war er immer, auch nüchtern, barsch und herrisch, das blieb so bis ins Alter. Er war vor Eifersucht beherrscht und unterstellte ihr, dass sie untreu wäre.

Die Mutter war oft überfordert, gereizt. „Wie es bei deutschen Frauen damals üblich war", griff sie im Alltag schneller zu Schlägen. Uve hat im Rückblick viel Verständnis dafür: „Sie wollte halt, gekennzeichnet durch das uneheliche Kind, unbedingt, dass etwas aus mir wird. Dazu kam die ständige Überforderung mit dem schwierigen kranken Mädchen."

Als er vier Jahre alt ist, begleitet der kleine Bruder die behinderte große Schwester in die Schule. Dadurch lernt er selber früh schreiben und Verantwortung zu übernehmen. Er ist für seine Schwester da, bis sie später in eine Sonderschule wechselt und mit 15 Jahren in verschiedene Pflegeheime kommt.

Uve ist ein guter Schüler. Auch wenn er als Linkshänder unter den „pädagogischen Methoden" seiner Zeit leidet: Mit Gewalt wird er umerzogen. Mit einem Stück Holz setzt es Schläge auf die Finger, wenn er die falsche Hand benutzt.

Doch insgesamt ist es ein ruhiges, „normales" Leben im Hause Simon. Bis der große Einschnitt geschieht.

Die bittere Nacht

Wir machen einen Sprung ins Jahr 2009. Mehr als ein halbes Jahrhundert ist vergangen. In Kassel-Oberzwehren wird die Goldene Konfirmation gefeiert.

Man plaudert, tauscht Erinnerungen aus, schaut Familienbilder an.

Ein ehemaliger Mitschüler durchbricht den gemütlichen Smalltalk und spricht Uve unvermittelt und sehr direkt an. „Sag mal, warum warst du in der vierten Klasse von einem Tag auf den anderen schlagartig und plötzlich so verändert?"

Uve war ein interessierter Schüler gewesen, machte aktiv im Unterricht mit, stellte viele Fragen, war munter und beliebt bei Lehrern und Mitschülern. Doch plötzlich war er verschlossen, „von einem Tag auf den anderen", wie sein Klassenkamerad sich erinnert.

„Was war denn geschehen, damals?"

Uve weicht einer Antwort aus, doch die Bilder aus dieser Nacht im Jahre 1954 steigen mit ihrer ganzen Wucht in ihm auf.

Uve ist zehn Jahre alt und wird von seinem Vater vergewaltigt. Der Vater hatte wieder einmal getrunken und torkelte ins Zimmer des Jungen. Er hatte sich zur Mutter legen wollen. Die verweigerte sich dem Betrunkenen. Frustriert stolperte der Mann durch die Wohnung. Ob er mit Absicht zu seinem Sohn kam? Uve findet es nie heraus. Wie auch immer: Der Vater steigt zu Uve ins Bett und vergeht sich an seinem Sohn. Uve kann sich nur schemenhaft erinnern. Er weiß noch, dass die Mutter aufwachte (hat der Junge geschrien?), und den Sohn aus den Armen des Vaters riss.

Weder Vater noch Mutter verlieren ein Wort zu dieser Nacht. Auch spätere Versuche, darüber zu sprechen, werden abgeblockt. Über Fehler und Fehlverhalten wurde generell nicht gesprochen. In den gutbürgerlichen Verhältnissen durfte es das nicht geben. Es gehörte sich nicht, und man schämte sich. Nur einmal, an einem Buß- und Bettag, erzählte der Vater Uve – allerdings verallgemeinernd –, dass es eine gute preussische Tugend gewesen sei, dass sich die Väter an den schwachen Söhnen vergingen, um ihnen zu zeigen, was ein Mann ist. Ihm wurde schlecht.

Immerhin bewahrte die Mutter Uve mit ihrem couragierten Auftritt in der Nacht vor heimlichen Wiederholungen. Es bleibt eine einmalige Tat.

Doch der Junge ist traumatisiert für sein ganzes Leben.

Auch auf die Eltern hat diese Nacht Auswirkungen. Die Mutter verbannt den Vater aus dem Schlafzimmer. Über viele Jahre bleiben sie zwar zusammen, führen aber eigentlich keine Ehe mehr.

Und noch etwas: Die Mutter, bis zu diesem Tag eine gläubige evangelische Christin, hadert mit Gott. Sie nimmt ihr Konfirmandenbild ab, das bis dahin an der Wand hing: Jesus, dargestellt als der gute Hirte. Uve beobachtet sie dabei, und schon als Kind spürt er, dass sie seitdem den Glauben an Gott verloren hat.

Als er später ihren Nachlass ordnet, findet er Notizen auf einem christlichen Abreißkalender, aus dem sie bis dahin regelmäßig gelesen hatte. Nun sei es genug, hatte sie Mutter darauf notiert. Erst der Krieg, mit dem Tod des ersten Mannes, dann die behinderte Tochter, und nun auch noch ein Mann, der den Sohn missbraucht. Wo war Gott denn bei all dem?

Damit geht auch für die Kinder die Beziehung zur Kirche erst einmal verloren. Vorher hatte die Mutter die Geschwister immer in den Kindergottesdienst geschickt. Das machte sie nun nicht mehr.

Uve vermisst die Kirche kaum. Er bedauert eher, dass ihm ein Geschäft verloren geht. „Mutter gab mir für mich und meine Schwester jeweils 50 Pfennig, die ich in die Kollekte geben sollte. Die habe ich dann immer an der Tankstelle oder im Milchgeschäft gewechselt, um einen Groschen ins Körbchen zu werfen. Das war ein gutes Geschäft, da blieben immer mindestens 80 Pfennig für mich übrig. Nun war dieses Geschäft auch noch kaputt."

Uve verschließt sich nach dem Missbrauch. Seine Eltern reden nicht mit Uve, Uve redet mit niemandem anderen. Kein Sterbenswörtchen kommt über seine Lippen. Jedenfalls keinem Menschen gegenüber.

Sein bester und verständnisvollster Partner in dieser Zeit wird ein Tier. Der Schäferhund seines Onkels Willi. Uve besucht ihn oft, wird für eine Weile sozusagen zum Ersatzkind.

Mit dem Hund geht Uve jeden Tag lange spazieren. Uve steigen noch heute Tränen in die Augen, wenn er sich erinnert: „Als ich dem Tier den ganzen Mist erzählt hatte, hat er sich auf seine Pfoten gesetzt, hat mit mir geheult und mich abgeschleckt." Später hat Uve immer Hunde gehalten, er weiß, was ein Tier für einen Menschen bedeuten kann. Nicht zuletzt deshalb hält er bis heute große Stücke von Tier gestützten therapeutischen Angeboten im ländlichen Raum.

Uve verändert sich. Das, was in ihm eingeschlossen ist, dringt nicht nach außen, aber es modert und gärt in seinem Inneren. Er malt sich Phantasien aus. Der Junge beschäftigt sich immer mehr mit Kampf und Gewalt.

Es wird noch viele Jahre dauern, bis Uve über diese Nacht sprechen kann. „Du fühlst dich nicht mehr als Mensch – und schon gar nicht als Mann", sagt er.

Erst mehr als 25 Jahre später, Ende der 70er Jahre, vertraut er sich seiner Frau Elke an. Wobei, wie Uve betont, auch in der Ehe die Schamschwelle so hoch ist, dass es Jahre dauern kann, und bei ihm gedauert hat, bis man überhaupt darüber spricht. Die Scham, aber auch eine gewisse Angst gegenüber Elkes Prägung, die aus einem moralisch engen, christlichen Elternhaus kam, haben es ihm schwer gemacht.

Elke ist die Brisanz zunächst gar nicht bewusst. Sie hört sich seine Geschichte an, geht dem aber gar nicht weiter nach.

Sie erinnert sich: „Ich habe das damals gar nicht vertieft, es passte zum Chaos der Familie Simon, die ja nach außen so sehr bürgerlich war. Es war einfach ein Teil von Uve. Den Schmerz habe ich bei Uve immer wieder gespürt. Aber wie sollte ich das aufarbeiten? Ich dachte einfach: bedingungslos lieben."

1986, sage und schreibe 32 Jahre nach der Tat, erlebt Uve, dass er das erste Mal mit anderen Menschen über den Missbrauch sprechen kann. Oder muss. Es bricht quasi aus ihm heraus.

Im Zuge seiner Ausbildung als Sozialtherapeut werden bei dem Thema Selbsterfahrung alle Lebensbereiche im Gruppengespräch durchleuchtet, fünf Tage geht es intensiv um das Thema Sexualität. Uve erinnert sich: „Wir kneteten eine Plastik, ich machte ein Dreieck mit zwei Eheringen darin. Andere bewerteten meine Arbeit: viel zu geschlossen sei das. Ich antworte: es geht Gott, meine Frau und mich etwas an, sonst niemanden.“ Doch der Prozess in der Gruppe läuft weiter: sie fragen nach, bohren, bedrängen Uve, bis die ganze Geschichte jener Nacht aus im herausquillt.

Im Rückblick hat Uve gemischte Gefühle. Er bucht es seither als „schlechte Erfahrung“ ab, ja, er spricht sogar von „psychischer Vergewaltigung“. Uve hat daraus für die eigene Arbeit als Therapeut gelernt: „Ich gehe mit Klienten in der Therapie zunächst immer nur zu den Bereichen, zu denen sie auch bereit sind. Für alles andere lasse ich ihnen die Zeit, die sie brauchen und die sie möchten.“

Eine absolute Voraussetzung für jede heilsame Therapie und für objektive und nachhaltige Veränderungsprozesse sei eine Vertrauensbeziehung zwischen Klient und Therapeut, davon ist Uve überzeugt. Sei es in der Arbeit in Schloss Zahren, in der Sexualtherapie, oder auch sonst in der Seelsorge. Wesentlich ist für Uve der individuelle Weg mit einem Klienten. Und er setzt dabei auf vielfältiges Fachwissen, auf Erfahrung, aber ebenso auf Gebet und die Führung durch Gott, um an den richtigen Punkt zu kommen.

Andererseits ist es genau diese Erfahrung, die zu Uves Heilung beiträgt: Offenheit. Und darin ist er radikal. Das wiederum ist für Elke nicht einfach: „Uves Offenheit in Predigten war oft sehr schwer, ich hätte mich manchmal in ein Mauseloch verkriechen können. Man kann ja Dinge andeuten, aber es muss ja nicht alles offen auf der Kanzel besprochen werden, da kamen oft auch sehr persönliche Sachen vor.“

Sie schämt sich. Und neben der Scham entsteht bei Elke auch ein gewisser Ärger, weil es viele andere gibt, die gar nichts preisgeben, sondern eine fromme Fassade zur Schau tragen. Bis heute kommt sie damit oft nicht klar. Sie sagt: „Wenn ich selber missbraucht worden wäre, hätte ich nicht so öffentlich darüber gesprochen. Aber wenn ich mich schon öffne, dann möchte ich auch nicht mit heiler Welt und frommen Sprüchen abgespeist werden.“

Uve würde es wieder so machen. „Offenheit ist mein Lebensstil geworden. Früher war ich sehr mysteriös und geheimnisvoll, ein Ritter mit geschlossenem Visier.

Ich habe aber erlebt, dass Offenheit hilft, mit Problemen umzugehen, und den Kontakt zu Menschen zu beginnen. Ein christliches Leben und eine Predigt dürfen nicht schamlos sein, aber auch nicht verschämt."

Für die Kinder waren Uves öffentliche Bekenntnisse „oft hart an der Grenze", erinnert sich Elke. Aber natürlich mischt sich die besondere Lebensgeschichte des Vaters auch mit der Erfahrung, die die Kinder vieler Pastoren und anderer Personen des öffentlichen Lebens machen. Wieviel Privates, wieviel Familie gehört in die Öffentlichkeit? Wo machen die Kinder mit, und wo nicht? Manuel, der Älteste, erinnert sich weniger an peinliche Inhalte, aber er weiß noch genau, dass es „manchmal sehr unangenehm war, wenn ich nach vorne kommen musste, um etwas zu sagen".

Uves Vater

Uves Mutter

Ausbruch aus der „heilen Welt“

Der zehnjährige Uve ist verängstigt, traumatisiert. Nach dem Missbrauch beginnt er stark zu stottern. Er singt im Schulchor, das Stottern verschwindet beim Singen.

Gleichzeitig gibt er sich nach außen als harter Kerl. Mit gerade mal zehn Jahren wird er zum Anführer einer Jugendgang. „Da hat das Stottern nicht gestört“, erzählt er, „die Hierarchie wurde über Brutalität geklärt, wer lachte bekam Prügel.“ In der Gang sind sie zu acht. Es wird vor allem „organisiert“, wie sie es nennen. Sie stehlen Alkohol, Geld, Schokolade. Mit anderen Banden, auch älteren Jungen, kommt es zu Schlägereien.

Uves Eltern bekommen zunächst nichts mit. Tagsüber läuft das Bandengeschehen, abends „lag ich ganz spießig um halb acht im Bett“. Als er zwölf ist, beginnt Uve die Nächte durchzumachen. Er klettert unbemerkt über den Birnenbaum vor seinem Zimmer nach draußen.

So geht das ein Jahr lang, dann werden die Veränderungen sichtbar. Uve wird zum Einzelgänger. Im Rückblick nennt er es „eine stark narzisstische Phase“. Er steigt aus seiner Gang aus. Stattdessen entdeckt er den Kampfsport. Er probiert diverse Techniken aus und entwickelt einen persönlichen Mixstil, mit dem er viele Schaukämpfe bestreitet. Er gewinnt mit seinen Kämpfen Anerkennung, besiegt Meister in Judo und Jiu Jitsu.

Auch Uves Vater hatte schon Kampfsport gemacht „und war noch ganz schön fit“. So nimmt Uve also ausgerechnet hier seinen Vater zum Vorbild. Allerdings hat er dabei ein klares Ziel vor Augen: „Irgendwann wollte ich es meinem Vater heimzahlen und ihn umbringen.“

Um sein Vorhaben Wirklichkeit werden zu lassen, ist Uve in dieser Zeit jedes Mittel recht. Er verschreibt sich bewusst an den Teufel, um Macht zu haben. Auslöser ist ein Film aus der Serie „Angelique“, in dem schwarze Messen dargestellt wurden. Den jungen Mann fasziniert, was er da sieht, er macht es nach. Viele okkulte Erfahrungen folgen: Uve probiert sich an Telepathie und an Geistreisen aus. Er verschlingt alles, was er an entsprechender Literatur in die Finger bekommt. Nach der Schule geht es entweder zum Sport oder in eine der beiden großen Bibliotheken in Kassel: die Landesbibliothek oder das Amerikahaus. Dort findet er schon damals eine umfangreiche Auswahl esoterisch-okkulter Literatur. Vor allem der Engländer Aleister Crowley fasziniert ihn.

Dabei bleibt Uve Einzelgänger. Er schließt sich keinem okkulten Zirkel an, obwohl er davon hört. Gruppen von Satanisten sind nach Uves heutiger Einschätzung ohnehin nur Instrumente für verschiedene Praktiken sexueller oder sadistischer Natur. Eine Gemeinschaft wie etwa im Gottesdienst gibt es nicht. Auch in der Gruppe steht der Einzelne isoliert da. Das ist ein Wesenszug des Satanismus.

Seine okkulten Verstrickungen bleiben dennoch nicht unbemerkt. Uves Großtante Luise, die nur Tante Lu genannt wird, war Fürsorgerin, heute würde man sagen Sozialarbeiterin, und Gemeindeschwester. Sie war eine fromme Frau, geprägt vom ostpreussischen Pietismus. „Sie las regelmäßig die Bibel, ging zur Kirche und zur Bibelstunde und war eine treue Beterin", erinnert sich Uve.

Diese Tante Lu erlebt eine Situation mit, in der Uve seinen Onkel zu Boden wirft, einen über 100 Kilo schweren Mann und Fleischermeister. „Du bist der Sohn des Teufels!", ruft sie aus. „Aber ich bete für dich, denn der Teufel wird nur weich, wenn man betet." In der Folge wird Uve auch gegenüber der Tante handgreiflich. Doch die tapfere Frau hört nicht auf, Uve in ihre Gebete einzuschließen.

Einige Zeit später kommt ein Nachbar, ein Baptist, an die Tür der Simons. Uve erinnert sich: „Herr Harbach kam, um mir einen ‚Friedensboten' zu bringen. Eine missionarische Verteilzeitschrift." Als Uve sich weigert, sie anzunehmen, ruft der Mann aus: „Du hast das nötig, du bist ja von der anderen Seite!"

Uve traktiert den armen Mann mit Schlägen und jagt ihn schimpfend vom Grundstück, aber der ruft ihm zu: „Du hast es trotzdem nötig, ich werde für dich beten." Jahre später werden die beiden Freunde, der Mann betet bis ans Ende seines Lebens für die Arbeit von Simons.

Trotz des Rückzugs der Mutter aus der Kirche und all dieser okkulten Eskapaden feiert Uve seine Konfirmation: „Da gab es auch 1959 schon 300 DM an Geschenken und eine vergoldete Uhr von der Patentante. Ich wäre ja verrückt gewesen, mich nicht konfirmieren zu lassen."

Der Konfirmandenunterricht wird eine große Herausforderung. Uve stört häufig den Ablauf, wird mehrfach vom Pfarrer rausgeworfen. Doch trotz aller seiner Aufmüpfigkeit geht er regelmäßig hin. Der Junge ist hochintelligent, und irgendwie interessiert er sich ja eigentlich auch für religiöse Dinge. „Das ist bei vielen Satanisten so“, weiß Uve heute.

Dass der Unterricht nicht im völligen Fiasko endet, liegt wohl an Uves Vater. Herr Simon war Stadtelternbeiratsvorsitzender. „Da hat sich der Pfarrer wohl nicht getraut, mich nicht zu konfirmieren“, lacht Uve im Rückblick. Seinen Konfirmationsspruch kann er bis heute auswendig. Er steht in Jesaja 41, 10: „Fürchte dich nicht, ich bin mit dir; weiche nicht, denn ich bin dein Gott.“

1959 macht Uve den Hauptschulabschluss. Er beginnt eine Lehre, bleibt aber nicht lange. Mehrere Ausbildungen und Arbeitsstellen folgen, alle bricht er ab. Zuerst versucht er sich als Koch. Seine Tante, sie ist Küchenmeisterin bei der Kaufhof AG in Kassel, vermittelt ihm die Stelle. Ein anderes Handwerk traut er sich nicht zu. Sein aufbrausender Vater war zu Hause schnell mit Schlägen bei der Hand, wenn Uve sich mal ungeschickt bei handwerklichen Dingen angestellt hatte. Im Haushalt dagegen hatte er viel Spaß am Backen und Kochen.

Nach einem halben Jahr wirft er das Handtuch. Im Rückblick schätzt Uve ein, dass ihn die Situation überfordert hat. Wenn viele Besucher kamen, war er als Lehrling im ersten Jahr im Einzeldienst einfach zu langsam. Uve wechselt zur Konditorei „Café Paulus“. Wegen der schlechten Zugverbindungen im Winter kommt er früh morgens oft nicht pünktlich. Die Arbeitstage umfassen täglich 12 bis 14 Stunden.

Er schafft es nicht. Nach nur vier Monaten wirft er auch hier die Brocken hin. Aber so cool, wie er nach außen auftritt, nimmt er es nicht. „Ich habe mich an dem Tag sehr geschämt“, erzählt Uve. „Auf dem Heimweg bin ich abgehauen, habe im Obdachlosenheim in Paderborn übernachtet.“

Am nächsten Tag wird der Junge von der Polizei aufgegriffen und in das Kinderheim Schloss Holtern gebracht, wo ihn nach zwei, drei Tagen die Mutter abholt. „Zu Hause gab es einen Satz heiße Ohren und Stubenarrest.“

Er geht selber auf die Suche und findet eine Lehrstelle als Tankwart bei der BP. Da läuft es dann für drei Monate ganz gut. Doch als der Chef ihn zu

Sonderarbeiten im privaten Garten verpflichten will, zettelt Uve einen Streit an und verlässt die Firma.

Es folgen zwei Stellen als Jungarbeiter und eine weitere Lehrstelle als Koch im Schlosshotel Kassel, die aber nach einem extremen Konflikt mit dem Berufsschullehrer ebenfalls ein schnelles Ende findet.

Mehrere weitere Kurzversuche folgen, doch alle scheitern.

Seine Eltern wollen, dass er von zu Hause auszieht, damit der gute Ruf der Familie nicht noch weiter angekratzt wird.

Das Arbeitsamt bietet ihm Lehrstellen als Binnenschiffer und im Bergbau an.

Doch beides ist nicht Uves Ding. Mehrere weitere Kurzversuche folgen, doch alle scheitern.

Aus Geldnot zieht es Uve wieder in das kriminelle Milieu. Es beginnt mit kleinen Diebstählen. Bald folgen Schlägereien.

Immerhin lässt er von Alkohol und Drogen die Finger. „Das war wegen dem Kampfsport kein Thema." Über die Diebesware bekommt er Kontakt zu amerikanischen Dealern, ihm wird angeboten Marihuana zu „verticken", doch mit Drogen will er nichts zu tun haben.

Schließlich eskaliert Uves Situation. Sein Vater ist Mitglied in verschiedenen Vereinen, und verwahrt mehrere Kassen bei sich zu Hause. Uve ist 16 als er Vaters Geldschrank aufbricht, und sich über das Geld hermacht. Er will abhauen und zur Fremdenlegion gehen. „Die Zeitungen waren damals voll von Berichten über die Fremdenlegion", erzählt er. Der Reiz für den jungen Mann: Er will zeigen, was er drauf hat, er sucht Kameradschaft, Abenteuer, und er träumt vom schnellen Geld.

Doch er kommt nicht weit. Sein Vater, der ja verantwortlicher Mitarbeiter der JVA Kassel-Wehlheiden ist, entdeckt den leeren Geldschrank, ruft kurzerhand einen befreundeten Staatsanwalt an, dieser informiert sofort die Polizei und erlässt einen Haftbefehl.

Im Freiburger Hauptbahnhof, wo Uve auf einen Zug wartet, der nach Colmar in Frankreich fährt, wird er kurz vor der Abfahrt von der Bahnpolizei verhaftet. Mit der „eisernen Acht", wie er die Handschellen nennt, wird der Halbwüchsige direkt ins Untersuchungsgefängnis gebracht.

Ein neuer Anfang

Drei Wochen verbringt Uve im Gefängnis. Es wird zu einer Demütigung für den jungen Mann. Hier sitzt er, der Kampfsportler und machtversessene Satanist: Die Haare werden ihm zur Glatze geschoren, er muss Häftlingskleidung tragen, den berüchtigten gestreiften Anzug, der eigentlich schon gar nicht mehr in Gebrauch war. Vieles sind Schikanen, wohl auch, weil Uve der Sohn eines JVA-Mitarbeiters ist.

Uve gerät in Panik, er erträgt die Enge nicht. Er rastet völlig aus und schlägt alles kurz und klein, was in der Zelle nicht niet- und nagelfest ist.

Doch dann, mitten in einem Wutanfall, plötzlich und unvermittelt, fällt ihm sein Konfirmationsvers wieder ein: „Fürchte dich nicht, ich bin mit dir; weiche nicht, denn ich bin dein Gott."

Zum ersten Mal spricht Uve ein ehrliches Gebet: „Ich will hier raus! Gott, ich kenne dich ja gar nicht, aber wenn es dich gibt, hilf mir."

Tags drauf wird Uve von Freiburg nach Kassel überführt. Eigentlich war vorgesehen, dass er noch eine längere Weile in Freiburg bleiben soll. Er fragt sich: „Könnte Gott da mitgespielt haben?"

Wir springen einmal für einen kleinen Moment in die Zukunft. Zwanzig Jahre sind mittlerweile vergangen. Im Freiburger Untersuchungsgefängnis macht der neue Gefängnisseelsorger seinen Antrittsbesuch. Sein Name: Uve Simon. Einer der älteren Beamten arbeitet schon seit einigen Jahrzehnten in der Anstalt, inzwischen als Dienstleiter. Er zögert, als er den Namen Simon hört und das dazu passende Gesicht sieht. Langsam erinnert er sich: „Ich kenne Sie doch noch von früher, oder?" Ein Wiedersehen in derartig vertauschten Rollen hatte der Mann noch nicht erlebt.

Doch das ist Zukunftsmusik. Die Gegenwart sieht düster aus. In Kassel ist Uve zwar bald wieder auf freiem Fuß. Doch er hat keine Arbeit, kein Geld und keine Zukunftsaussichten. Er plant „ein Ding zu drehen".

Doch irgendwie hört er von einer Veranstaltungsreihe, die der CVJM Kassel mit dem Okkultismusexperten und Pfarrer Dr. Kurt Koch veranstaltet.

Das Thema interessiert ihn natürlich. Er besucht einen Abend. Kochs Predigten enden immer „mit einer Einladung, einzusteigen in den Glauben, es mit Jesus auszuprobieren." Auch an diesem Abend sagt er: „Probiere es, solange bis du was besseres findest."

Uve ist gefesselt von dem, was er hört, er bleibt und bittet um ein Gespräch. Etwas geschieht mit Uve. Er packt aus. Er beichtet seine kriminellen Machenschaften, er sagt sich von seinen satanischen Verstrickungen los, und er bittet Jesus um Vergebung. Eine Riesenlast fällt von Uve ab.

Es ist Ende Januar 1961. Das Unglaubliche geschieht tatsächlich: Uves Leben kommt Stück für Stück in neue Bahnen.

Zu seiner inneren Veränderung durch den Glauben kommt eine neue äußere Struktur. Uve wird unter die Obhut des Jugendamtes gestellt. Sozialarbeiter Paul wird zu Uves „Lebensretter", wie er es im Rückblick nennt.

Warum? Uve bekommt durch seine Vermittlung eine Lehrstelle in einem Kolonialwarenladen in Jesberg, in der Nähe von Kassel. Dort bekommt er auch eine kleine Wohnung.

Lebensretter? Ein zu großes Wort? Der Beschluss zur Einweisung in die geschlossene Psychiatrie lag schon vor, der Sozialarbeiter entschied sich aber dafür, Uve die Lehrstelle zu vermitteln. Uves Vater hatte die Einweisung durch Beziehungen erwirkt, die umfangreiche Akte wegen Kleinkriminalität und der Ausraster in der Freiburger U-Haft hatten ausgereicht. Doch Sozialarbeiter Paul setzte sich durch.

Im Sommer besucht Uve dort eine Zeltevangelisation, diesmal ist Karl Schäfer vom Bibellesebund der Sprecher. Uve ist berührt, er sucht weitere Gespräche und beginnt, darin auch seine Vergangenheit anzusprechen. Es wirkt wie eine Befreiung. Uve arbeitet am Büchertisch mit und kauft sich seine erste Bibel, eine teure Ausgabe – und zahlt sie von seinem Lehrlingsgeld ab.

Da er ja von Haus aus evangelisch ist, wird Uve nun in der Kirchgemeinde Jesberg aktiv. Er arbeitet in die Jungschargruppe mit. Schmunzelnd erinnert er sich: „Einmal habe ich die Geschichte von Simson erzählt und dabei vorgespielt. Ich habe einige Stühle zerstört, um Simsons Kraft darzustellen. Einer der Jungen aus der Familie des Försters Lotz entschied sich an diesem Tag für ein Leben mit Jesus und wurde später selber Pastor in einer freikirchlichen Gemeinde. So kann es gehen: Fast wäre ich in der Psychiatrie gelandet, weil ich Stühle zerstört habe, und hier kommt jemand dadurch zum Glauben."

Uve arbeitet in der Kirchgemeinde mit. Die Kaufmannslehre läuft. Soweit so gut? Das wäre wohl zu schön gewesen. Noch immer geht einiges schief im Leben des jungen Mannes. Uve wechselt innerhalb der Ausbildung vom Bereich der Kolonialwaren zu den Werkzeugen und Baubeschlägen, dort holt ihn seine kriminelle Energie ein: Er verkauft Waren aus dem Lager schwarz. Doch Uves „neues" Gewissen erwacht. Er sucht das Gespräch mit dem Seniorchef und gesteht, was er gemacht hat. Uve rechnet mit dem Rauswurf. Doch der überzeugte Christ gibt dem Lehrling wieder eine neue Chance. Der nutzt sie, macht seine Sache gut, erzielt auch in der Berufsschule gute Ergebnisse.

Doch dann kommt der nächste Knall: Drei Monate vor dem Ende überwirft sich Uve mit dem Juniorchef und bricht die Lehre ab.

Immerhin wird ihm aufgrund der guten Zeugnisse nachträglich eine Qualifikation ausgestellt, entsprechend dem „Gehilfenbrief". Damit gilt diese Ausbildung als bestanden.

Uves Vater ist erleichtert, dass der Junge endlich etwas erreicht hat. Über seine Kontakte fädelt er ein, dass der Sohn trotz seiner Vorstrafen zur Bundeswehr gehen kann. Dort macht Uve 18 Monate Sanitätsdienst.

Viele andere Christen verweigern zu dieser Zeit den Militärdienst. Für Uve sind diese Diskussionen kein Thema. Er sieht vielmehr die Chance, beruflich neu anzufangen und endlich eine Zukunftsperspektive zu entwickeln.

Nach dem Dienst sitzen die Soldaten zusammen, trinken, es wird gepokert. Uve will sich nicht ausschließen, doch ihm fehlt die Gemeinschaft mit anderen Christen. Immerhin gibt es einen Militärpfarrer und Uve macht auf dessen Erlaubnis hin einen Aushang: „Herzliche Einladung zum Soldatenbibelkreis. Uhrzeit und Ort." Gespannt wartet er auf den ersten Abend. Zwei Mann kommen. Immerhin. Beim nächsten Mal sind einige Freunde dabei, und so wächst der Kreis mit den Wochen auf 25 Teilnehmer an.

Durch seinen Bibelkreis nimmt Uve eine Sonderstellung ein, erlebt aber von den anderen keinen Spott. „Wir waren ja auf Zack", berichtet er.

Es sind gerade die Christen, die in der Kompanie viel Verantwortung übernehmen. „Unsere Unteroffiziere im Sanitätsbereich waren alle drei meistens besoffen. Da haben wir die Arbeit gemacht.“ Auch das wird eine prägende Erfahrung in den nächsten Jahren: immer da, wo Uve bereit ist, Verantwortung zu übernehmen, wird auch sein Glaube akzeptiert.

In dieser Zeit bekommt Uve an den freien Tagen Kontakt zu den Rufern, einer Erneuerungsbewegung innerhalb des Baptistenbundes, die in Stadtallendorf eine Gemeinde gründen. Hier lernt er eine Reihe von Familien kennen, die einem anderen Milieu entstammen, als er selbst: junge, gesunde Familien, in denen die Partner liebevoll miteinander und den Kindern umgehen. Eine ganz neue Erfahrung für Uve.

Zu seinen eigenen Eltern hält er nur wenig Kontakt. Erst später, als er mit Elke verheiratet ist, wird die Beziehung intensiver.

Besonders die letzten Jahre mit der Mutter sind nicht einfach. Im Alter wird sie psychisch verwirrt, leidet an einer Alterssklerose. Sie verliert die Kontrolle, rastet aus, schreit und schlägt um sich. Das einzige, was sie beruhigt, ist, wenn Uve sie in die Arme nimmt, sie fest umklammert, bis sie sich beruhigt und einschläft. Bevor sie 2002 stirbt, lebt sie einige Zeit in Mecklenburg bei Familie Simon.

Eine Berufung

In den Jahren nach seiner Wende macht Uve viele Erfahrungen, die sein geistliches Leben prägen. 1962 nimmt er an einer Ostern-Freizeit in Marburg teil. Sie wird von Pastor Hoppe geleitet, dem neuen Direktor des Bruderhauses Tabor, einer theologischen Hochschule. Das Thema der Bibelarbeiten ist: „Der Heilige Geist". Viele der Teilnehmer lassen für sich beten, um diesen Geist zu erleben. Uve will das auch in Anspruch nehmen, doch Hoppe lehnt es ab. „Du hast doch auch eine Bibel. Geh, bete und lies selber darin."

Uve ist enttäuscht, fühlt sich zurückgewiesen. Doch im Rückblick lässt sich sagen: Der Mann landet einen Volltreffer. Uve hat das Potential, selbstständig biblische Themen zu erarbeiten. Hoppe verlor kein weiteres Wort darüber, aber er förderte die Begabung des jungen Mannes. Ob er wohl etwas von Uves Berufung geahnt hatte?

Uve nimmt den Ratschlag ernst. Er liest ein Jahr lang regelmäßig und lange in der Bibel. Er lernt viel. Doch die Lektüre beschwört auch Konflikte herauf. Uve stößt auf die Stellen zur Taufe. Eine Kindertaufe findet er nirgends, dafür aber eine Taufe der Buße oder Umkehr. Das hatte er ja auch erlebt, eine Umkehr aus der Kriminalität zu Gott. Die Erkenntnis verfestigt sich, und so wächst in ihm der Wunsch, sich taufen zu lassen. Er lernt eine Baptistengemeinde kennen und meldet sich dort zur Taufe an. Zur Glaubenstaufe, wie es in der Gemeinde genannt wird. Für Uve ist es einfach ein nächster Schritt auf seinem Weg mit Gott. Er ahnt nicht, dass es Probleme geben könnte.

Der evangelische Pfarrer in seinem Stadtteil, wo Uves Eltern formal noch zur Kirche gehören, aber schon lange nicht mehr in die Gottesdienste gehen, hört irgendwie von Uves Vorhaben, und besucht daraufhin die Familie Simon: Vater, Mutter, Uve. Er legt sein Veto ein. Uve sei als Kind getauft, eine zweite Taufe käme nicht in Frage. Sie diskutieren über den Vers aus dem Epheserbrief, in dem es heißt: „Ein Herr, ein Glaube, eine Taufe" – der Pfarrer betont das Wörtchen „eine" Taufe, Uve dagegen besteht auf der Reihenfolge der Begriffe im Text: Herr, Glaube, Taufe. Aus der Beziehung zu Gott, so erklärt er, folgen erst der Glaube und dann die Taufe.

Dieser Streit wird für Uve eine prägende Erfahrung. Jung und ungestüm beharrt er gegenüber dem Pfarrer auf seiner Meinung. Später in seinem Dienst setzt er sich immer wieder dafür ein, dass Christen das Verbindende betonen und nicht das Trennende – kann doch ein einziger Bibelvers schon so unterschiedlich gedeutet werden.

In der Baptistengemeinde Kassel-Möncheberg meldet sich Uve zur Taufe an. Doch da steht der nächste Konflikt ins Haus: Statt dem erwarteten großen „Hurra!" begegnet ihm zunächst einmal Skepsis.

Eine Diskussion entbrennt: Kann man einen Ex-Kriminellen, der immer noch ein schwieriger Charakter ist und es mit der Wahrheit nicht immer ganz genau nimmt, mit zwei jungen Leuten aus der Gemeinde im selben Taufbecken taufen? Will man „einen wie Uve" wirklich in der Gemeinde haben?

Wieder begegnet ihm der gleiche gutbürgerliche Mief wie in seinem Elternhaus, nur jetzt in einem frommen Gewand.

Uve steht kurz davor seinen Entschluss rückgängig zu machen. „Wenn die mich nicht wollen, können sie mich!" Da trifft ihn die Bemerkung von Mutter Sinning, der Mutter eines Freundes, die sie so nebenbei beim Geburtstagskaffee fallen lässt: „Nimm noch ein Stück Kuchen, aber hör auf zu lügen: du brauchst keine Schutzbehauptungen mehr, du bist jetzt Christ."

Uve hatte bis dahin seine Erzählungen noch oft ausgeschmückt, vieles übertrieben und manches verdreht. Nun wird ihm klar: Die Ablehnung, die er immer wieder erfährt, liegt nicht nur an den anderen, auch er selber muss sein Leben glaubwürdig verändern. Eine harte Erkenntnis, die an seinem Stolz nagt.

Einen weiteren Einschnitt in Uves Leben bewirkt das Buch „Unter dem Schatten des Allmächtigen" über die Arbeit des Missionars Jim Elliott unter den Auka-Indianern, einem Kannibalenstamm. Elliot macht starken Eindruck auf ihn. In diesem Buch wird geschildert, welche inneren Kämpfe der Missionar, der später wegen seines Glaubens ermordet wurde, auf dem Weg zu seiner Berufung auszustehen hatte. Uves Interesse ist geweckt. Soviel Ehrlichkeit, soviel Mut! Er ist begeistert. Sollte mit Gott das Abenteuer Wirklichkeit werden, das dem jungen Ausreißer bei der Fremdenlegion verwehrt blieb?

Uve will in die Aussenmission. Ihm ist klar, dass das ein langer Weg wird. Doch er ist bereit, ihn zu gehen. Der erste Schritt soll eine weitere Ausbildung sein, diesmal zum Krankenpfleger. Nach einigen Schwierigkeiten, da er nicht so leicht ein polizeiliches Führungszeugnis bekommt, beginnt er seine Lehre bei den Bethel-Diakonissen im Kreiskrankenhaus Schorndorf. „Im Sanitätsbereich der Bundeswehr bin ich bei Sauberkeitskontrollen nie negativ aufgefallen. Aber bei den Diakonissen habe ich das Putzen erst richtig gelernt, das kannst du glauben", lacht Uve, wenn er an die Zeit zurück denkt.

Uve lernt nicht nur das Putzen. Die drei Jahre werden zu einem Schleifstein für Uves Charakter. Der widerborstige Auszubildende lässt keine Gelegenheit aus, Kontra zu geben. Er will sie testen, die Diakonissen, er will sehen, wie ehrlich sie es mit dem Glauben meinen, wie echt sie sind. „Immer wenn sie die Bibel zitierten, habe ich mit Mao gekontert."

Doch er ist kein Kommunist, er will nur provozieren.

Uve schließt sich der Baptistengemeinde Schorndorf an, schaut aber auch über den Tellerrand. In der Gemeinde Urbach findet er einen Freund: Hartmut Böhringer.

Nach seinen Möglichkeiten arbeitet Uve in der Gemeinde mit. Er hat vor allem ein Herz für die „Kaputten", die Gestrauchelten, die Menschen am Rande der Gesellschaft, wie er selber einer war. Er macht großartige Erfahrungen, einige Drogenabhängige kommen zum Glauben. Aber es gibt auch niederschmetternde Erlebnisse: Eine junge Frau auf Drogen findet zu Jesus, aber einige Zeit später setzt sie sich den Goldenen Schuss und stirbt.

Die Mitarbeit ist nicht immer konfliktfrei.

Zu einem Zusammenstoß kommt es mit einem der Gemeindeverantwortlichen in Urbach. Sie fahren zu einer Zeltmission nach Welzheim, dort soll Uve ein Zeugnis sagen, also von seinen Glaubenserfahrungen berichten.

Auf der Fahrt fragt der Mann wie nebenbei, ob Uve an die Jungfrauengeburt glaube. Uve hat sich dazu noch gar nicht allzu viele Gedanken gemacht – er ist so voller Eifer dafür, Menschen, deren Leben zu scheitern droht, mit dem Evangelium zu erreichen, dass ihn theologische Spitzfindigkeiten nur wenig interessieren. Er sagt frei raus: „Ich kann das noch nicht glauben. Doch ich weiß, Jesus heilt Drogenabhängige und Kaputte so wie mich." Ein Streit bricht los, Uve wird aus dem Auto geworfen – zum Missionsabend läuft er zu Fuß, viele Kilometer weiter.

Später erlebt er ähnliche Situationen immer wieder: Statt sich um die Verlorenen zu kümmern, streiten Christen über theologische Differenzen. Und viele Gemeinden können mit Menschen nicht umgehen, die eine Geschichte und einen Charakter wie Uve mitbringen: sie sind sperrig, sie reagieren angriffig, sie provozieren, sie „testen". So gelingt es nur wenigen Menschen vom Rand der Gesellschaft, in gutbürgerlichen Gemeinden eine Heimat zu finden.

Das ist ein Dilemma: Bei Gott willkommen zu sein, aber kaum in der Gemeinde. Uve lernt mit den Jahren Bewegungen wie die Heilsarmee oder die Jesus Freaks kennen und schätzen. Diese Christen passen nicht in das normale kirchliche Schema. Hier finden Menschen Heimat, die sonst nirgends hin passen. Getreu dem Motto: „Die Heilsarmee nimmt Sünder an, die sonst keiner brauchen kann."

Doch Uve findet in verschiedenen Gemeinden auch Menschen wie Karl Fix von der Volksmission, die ihn verstehen und auf seinem Weg begleiten. Und so schafft Uve trotz der Spannungen nach drei Jahren seinen Abschluss als Krankenpfleger.

Hier in Schorndorf ist er zum ersten Mal verliebt, in Hildegard eine Schwesternschülerin. Er erinnert sich: „Die Liebe hat mich durchs Staatsexamen durch getragen".

Der erste Schritt in die Außenmission ist getan. Nun soll eine Bibelschule folgen. Uve entscheidet sich für Wiedenest. Drei Argumente sprechen dafür: Sie ist von der Weite der Evangelischen Allianz geprägt und nicht so eng wie einige andere Bibelschulen, die Uve sich ansieht. Er will nicht über das Trennende diskutieren müssen. Er will die Bibel besser kennenlernen und Gott dienen. Und: Wiedenest legt eine starke Betonung auf die Außenmission. Uve erhofft sich, dass seine Berufung sich hier bestätigt.

Elke: Wohlbehütet

Elke Fleischhammel wird fünf Jahre nach dem „Mündel Momberg" am 10. Mai 1949 in Weißensee geboren. Der Krieg ist seit vier Jahren vorbei, die Spuren der Verwüstung sind in Ostberlin noch allgegenwärtig. Aber das bekümmert die Familie nicht. Elke ist ein Wunschkind. Das zweite Kind des Bäckers Fleischhammel und seiner Frau, ein willkommenes Mädchen.

Das Familienglück der engagierten Baptisten scheint vollkommen. Doch noch bevor die Tochter ihren zweiten Geburtstag feiern kann, stirbt Elkes Mutter urplötzlich an einem Darmverschluss. Sie wird nur 29 Jahren alt.

Für den Vater ist es schwer, sich neben der Arbeit um die beiden kleinen Kinder zu kümmern, und so heiratet er ein Jahr darauf erneut. Die neue Mutter stammt aus einer befreundeten Baptistengemeinde in Oranienburg, die Eltern kannten sich über die Chorarbeit. Die Familie wächst zusammen, zwei weitere Geschwister kommen dazu. Das Glück ist wieder hergestellt.

Und doch erinnert Elke sich an viele Ängste während dieser Jahre. Oft liegt das Mädchen im Bett und kann nicht einschlafen, während die Eltern abends zum Chor oder zur Bibelstunde in der Gemeinde sind. Sie hört die Geräusche von der Straße, denkt bei jedem Auto, das vorbeifährt: Kommen sie wieder? Oder ist etwas passiert? Verlustängste sind stark, Kinderseelen sind empfindlich.

Jahre später, als sie selber Kinder hat, kommen bei Elke die Ängste zurück. Uves Dienst bringt es mit sich, dass er viel unterwegs ist. Und jetzt steigen immer wieder die gleichen Sorgen auf: Kommt er wieder? Eines Abends, als Uve sich deutlich verspätet, gerät Elke in Panik und ruft alle Polizeistationen entlang der Autobahnstrecke von Bayreuth bis Limburg an, ob ihrem Mann etwas passiert ist.

Beim Durchkämmen ihrer Kindheitsfotos fällt Elke ein Schwarz-Weiß-Bild von damals in die Finger: eine Aufnahme aus Ost-Berlin, zwei kleine Mädchen, mit Schleifchen im Haar, Elke klammert sich an ihre große Schwester. Sie schmunzelt: „Vielleicht ist das ja eine unbewusste Parallele zu später. Vielleicht habe ich mich deswegen in Uve verliebt: er ist groß und stark, an ihm konnte ich mich immer festhalten. Er hat mich beschützt."

Elkes Vater arbeitet die ersten Jahre als Bäcker. 1956 übersiedelt die Familie in den Westen, dort macht er den Meisterbrief als Industriebäcker. Der Grund für die Umsiedlung ist ihr Glaube. Als Christen, dazu noch Freikirchler, werden die Eltern in der DDR abgelehnt, dem wollen sie entgehen.

Elke erinnert sich an ihre Einschulung in Ostberlin: „Ich hatte als einzige keinen Wimpel, kein Halstuch und Hemd." Als Kind von Christen gehörte sie nicht zu den Pionieren. Das Mädchen fühlt sich als Außenseiter. Die Eltern merken, dass es für die nächste Generation noch schwerer werden würde, als Christen im Sozialismus zu leben. Vor allem wegen der Kinder beschließen sie zu gehen. Die Mauer war noch nicht gebaut, doch musste eine solche „Flucht" schon damals im Stillen geschehen. Die DDR verlor immer mehr Bürger, das war nicht gerne gesehen.

Im Kinderwagen schmuggelt die Familie einige Wochen lang wichtige Sachen in den Westen. Dann zahlen sie die Miete, legen die Abrechnung auf den Tisch, schließen die Wohnung ab, werfen den Schlüssel in den Briefkasten – und sind fort.

Die ersten vierzehn Tage verbringt die Familie im Flüchtlingslager in Marienfelde. Mehrere Familien sind in einem Zimmer untergebracht, mit Decken werden die Bereiche abgetrennt. Täglich werden die Familien aufgerufen, die das Lager verlassen dürfen. Elke erinnert sich an ihre Aufregung als auch ihr Name ertönt: „Ich höre noch genau die Stimme: Familie Fleischhammel."

Mit dem Flugzeug wird die Familie nach Hamburg ausgeflogen, wo sie weitere sechs Wochen bleiben. Dann endlich geht es zum Zielort nach Meddewade in Schleswig-Holstein. Dort hat die Bäckereifabrik ihres Onkels Erich Dahm eine Filiale, der Vater wird gebraucht. Der Hauptbetrieb „Paech Brot" hatte seinen Sitz in Berlin, der Onkel war Mitinhaber neben dem Namensgeber Paech. „Das war damals eine sehr bekannte Marke", erinnert sich Elke nicht ohne einen gewissen Stolz, „und es gab viele Werbesprüche: ‚Paech Brot macht rund und gesund'" hieß einer, oder ein anderer: ‚Kuno sagt zu Kunigunde: Paech Brot ist in aller Munde'." Elke lacht: „Aber natürlich war da auch eine Menge Spott: ‚Siehst du da den Leichenwagen, der hat Paech Brot nicht vertragen'."

Onkel Erich Dahm ist ebenfalls Baptist, in seiner Freizeit komponiert er eine Reihe von Musikstücken und Gemeindeliedern. Kontakte zur Gemeinde in der Nähe der Arbeitsstelle sind schon hergestellt. Familie Fleischhammel wird schnell heimisch. „Onkel Erich“ ist eine Respektsperson für die ganze Familie. „Wenn er zu Besuch kam, war es immer eine große Aufregung, alles musste aufgeräumt und sauber gemacht sein.“ Jedes Kind bekam immer eine Tafel Schokolade vom „reichen Onkel Erich“, in der damaligen Zeit war das ein kostbarer Schatz, den sich die Familie kaum hätte leisten können.

Der Preis für die Umsiedlung ist hoch: Alle anderen Verwandten bleiben im Osten. Man kann sich nicht mehr besuchen. Berlin ist weit weg, 1961 wird die Mauer gebaut. Der Verlust ist nicht einfach.

Jahre später, Anfang 1978, erhalten Simons eine Anfrage aus Mecklenburg: Heinz Nitsche bittet Uve mit seiner Familie in den Osten überzusiedeln. Nitsche leitet das „Diakonie Zentrum Serrahn“. Simons sollen als Mitarbeiter einen neuen Arbeitsbereich aufbauen und leiten: Eine Lebensgemeinschaft für Drogenabhängige und Straffällige.

Offiziell durfte es in der DDR keine Suchtkranken geben, aber unter dem Deckmantel der Kirche hatte sich die AGAS gegründet, die Arbeitsgemeinschaft zur Abwehr der Suchtgefahren, die sich ähnlich wie das Blaue Kreuz in der Bundesrepublik um alkohol- und suchtkranke Menschen ambulant und stationär kümmerte. Nun sollte ein weiterer stationärer Zufluchtsort geschaffen werden. Heinz Nitsche und Uve Simon hatten sich bei mehreren Dienstreisen kennengelernt, die Uve ab 1975 in die DDR unternahm, und bei denen ihn Elke und später die junge Familie begleitete.

Die Aufgabe reizt Uve, doch es hätte für die ganze Familie bedeutet, zunächst in ein Umsiedlerheim der DDR zu gehen.

Für Elke ein Dejavu-Erlebnis – sie will es sich und den Kindern nicht zumuten, zu tief sitzen die eigenen Erfahrungen nach ihrer Umsiedlung. Natürlich spielt auch der Lebensstandard eine Rolle.

„Für unsere Kinder war die DDR immer mit einem bestimmten Geruch verbunden: Braunkohle. Graue Häuser und Braunkohlegeruch, das war die DDR.“

Kurz nach der Wende kommt dann nochmal eine Anfrage aus Serrahn, wieder passt es nicht in die Lebensplanung. Uve schlägt stattdessen Uwe Holmer vor, den Leiter der Lobetalarbeit, der gerade einer großen Öffentlichkeit bekannt geworden ist, weil er den abgesetzten Staatsratsvorsitzenden Erich Honecker bei sich aufgenommen hatte.

Zurück zu Elkes Herkunftsfamilie: Nach der Flucht bleibt ein guter Kontakt der Familie Fleischhammel zur Verwandtschaft im Osten bestehen. Jede Woche wurde ein Brief an die Großeltern geschrieben. Der Vater diktierte den Inhalt, die Mutter tippte es in die Schreibmaschine. Ganz treu, Woche für Woche gab es dieses Ritual. Ziemlich sicher wurde dies die Quelle für Elkes „Beständigkeit".

Die Familie Fleischhammel findet ihre geistliche Heimat in der Gemeinde Bad Oldesloe. Der Vater wird Gemeindeleiter, ein Ehrenamt in Baptistengemeinden, vergleichbar einem Vereinsvorsitzenden. Die Gemeinde hat etwa 100 Mitglieder, alles ist sehr gleichbleibend: der Ablauf des Gottesdienstes, man singt im Chor, die Eltern besuchen die Bibelstunde, die Kinder gehen ab einem gewissen Alter in den Jugendkreis. Rückblickend sagt Elke: „Die Gemeinde Bad Oldesloe hat eine sehr gute Grundlage für mein Leben geschaffen und mich geprägt, mir wurden viele Werte vermittelt, die mich auch später getragen haben und bis heute tragen."

Und doch bleibt das Leben sehr auf die alltägliche Routine beschränkt und der Freundeskreis auf die „Brüder und Schwestern", wie man sich in der Baptistengemeinden nennt. Die Familie, und auch Elke selbst, hat wenig andere tiefe freundschaftliche Kontakte. Elkes beste Freundin in der Klasse, Doris, gehörte ebenfalls zur Gemeinde.

Baptisten sind damals in Schleswig-Holstein noch selten. Sie erleben keine direkte Ablehnung wie im Sozialismus, doch auch hier sind sie Außenseiter. Die Nachbarn und Kollegen achten die Freikirchler als fleißige und anständige Leute, aber es ist auch klar: Baptisten sind anders als die anderen. Vieles von dem, was „in der Welt" gelebt wurde, war bei Baptisten verpönt. So hatten sie zunächst etwa keinen Fernseher, Elke hat dann gelegentlich bei Bekannten geschaut. Sie erinnert sich: „Bei Klassenfeiern habe ich mich heimlich verdrückt, sobald getanzt wurde. Das durften wir nicht."

Wie tief diese Prägung sitzt, erlebt sie noch viele Jahre später: Janika, die älteste Tochter will mit Freundinnen einen Tanzkurs besuchen. Elke verbietet es ihr. Da wird bereits das Jahr 1994 geschrieben, Janika ist ein Teenie und versteht die Welt nicht mehr. Heute schüttelt Elke den Kopf: „Ob das alles richtig war?“ Sie würde nicht wieder so streng sein wollen, aber sie ergänzt auch: „Ich war halt so geprägt.“

Die Gemeinde ist in vielem sehr eng. Elkes Schwester färbt sich die Haare –1961 ist das ein Skandal unter den Baptisten. Deutliche Verachtung schlägt ihr entgegen, die Eltern schämen sich für ihre Tochter.

Elke leidet, anders als ihre Schwester, weniger unter der Enge in den frommen und konservativen Kreisen, eher unter Langeweile.

Die Familie Fleischhammel, 1988

Hamburg

Dennoch: Die Eltern sind für Elke in der Art, wie sie ihren Glauben leben, große Vorbilder. Der Vater muss sehr viel und hart arbeiten, er hat obendrein noch etliche Termine in der Gemeinde, aber sie erlebt ihn nie gestresst. Jeden Sonntag sitzt die Familie pünktlich um halb neun im Auto – ohne Hektik oder Streit.

Besonders der Umgang ihrer Eltern mit Elkes jüngste Schwester Dörte ist sehr liebevoll. Sie hat als Kind eine Hirnhautentzündung und lebt in der Folge mit einer geistigen Behinderung. Später arbeitet sie halbtags in einem Altenheim, bevor sie mit 49 Jahren stirbt.

Fleischhammels sind eine musikalische Familie. Zu Hause wird viel musiziert, besonders an Weihnachten erklingen fröhliche Lieder und werden mit verschiedenen Instrumenten begleitet. Der Vater spielt Geige. Elke bekommt Klavierunterricht. Obwohl sie wenig Geld haben, legen die Eltern großen Wert auf eine gute musikalische Ausbildung der Kinder. Elke lernt das Orgelspiel und legt die Prüfung zur C-Organistin ab. Gelegentlich gibt sie auch selber Unterricht.

Heute, im Ruhestand, wo sie wieder etwas mehr Zeit hat, spielt sie bei Beerdigungen und anderen christlichen Anlässen. Die Musik hat Elke immer begleitet. Stolz zeigt sie mir die Visitenkarte, die ihre Tochter Enna für sie gestaltet hat: Elke Simon, Organistin.

Auch ihr Bruder Detlev, der später Pastor wird, ist sehr musikalisch. Auf einer Ostertagung in Frankfurt 1970 schreibt Detlev Fleischhammel mit seinem Team spontan das Lied „Gottes Liebe ist wie die Sonne“, das schnell zu einem Hit der modernen Kirchenmusik avanciert und bis heute in vielen Liederbüchern zu finden ist.

Nach der Grundschule wechselt Elke in die fünfte Klasse einer Realschule. Nun muss sie bei Wind und Wetter mit dem Fahrrad in die Schule fahren, und das ist in Norddeutschland nicht ohne. „Ich will nie wieder aufs Dorf“, denkt das Kind. Heute lebt sie in einem alten Pfarrhaus in Groß Vielen, einem kleinen Dörfchen in Mecklenburg-Vorpommern – wie das Leben so spielt ...

Elke macht die Mittlere Reife und geht anschließend auf ein Fachgymnasium in der Fachrichtung Hauswirtschaft. Doch nach sechs Wochen merkt sie, dass sie lieber etwas Praktisches tun möchte. Sie verlässt die Schule. Für die Eltern ist das schlimm, sie befürchten, die Tochter würde unter ihren Möglichkeiten bleiben. Aber Elke ist sich sicher. Sie stellt sich bei einem Arzt als Helferin vor. Vor Aufregung vergisst sie prompt die Zeugnisse. Sie sieht ihre Felle davon schwimmen, doch der Mediziner winkt ab: „Mich interessieren keine Zeugnisse, mich interessiert der Mensch." Nach dem Gespräch hat Elke die Zusage in der Tasche. Vier Jahre dauert die Lehre, dann ist Elke Arzthelferin.

Kaum ist sie fertig, verlässt die abenteuerlustige junge Frau die „Provinz" und geht nach Hamburg, wo sie zwei Jahre arbeitet.

Geistlich wird Elke von der Rufer-Bewegung geprägt. Einer ursprünglich von Wilhard Becker nach dem Zweiten Weltkrieg gegründeten, missionarisch gesinnten Jugendarbeit im Baptismus, die auf Mannschaftsbasisarbeit arbeitete. Einige Mitarbeiter der Rufer besuchen eines Sonntags die Gemeinde. Elke ist sechzehn und sofort begeistert. Die Rufer sind anders als das, was sie bisher an Gemeinde kennt. Sie halten sogenannte Erweckungsabende, erzählen von ihrer Arbeit in Hamburg, wo sie Straßeneinsätze machen, Gäste in Teestuben einladen oder missionarische Mannschaftsabende veranstalten. Die Rufer bringen eine neue Begeisterung und frischen Wind in Elkes Gemeinde mit – und in Elkes eigenes Glaubensleben.

An der Existenz Gottes hatte sie nie gezweifelt. Sie war jung zum Glauben gekommen. Mit zwölf Jahren hatte sie bei einer Teenagerfreizeit ihr Leben bewusst in die Hände von Jesus gegeben. Man schlief in Zelten, abends wurde beim Lagerfeuer das Lied gesungen: „Heute will dich Jesus fragen, bist du ganz für mich bereit." Elke sagte ja. Mit dreizehn lässt sie sich taufen. Sie meint das aufrichtig und ernst.

Doch erst diese Begegnung mit den Rufern verändert ihr Leben, das bisher in den immer gleichen Bahnen gelaufen war.

Die prägende Figur bei den Rufern zu dieser Zeit ist Herbert Krause, der als Jugendpastor in Norddeutschland wirkt. Die Rufer üben einen verbindlichen Lebensstil ein. Sie stellten sich die Frage: Wie hat Jesus gehandelt? Und was heißt das für uns Christen, wenn wir heute Jesus nachfolgen wollen?

Ein ähnlicher Ansatz, wie ihn die Bewegung „Was würde Jesus tun?“ (wwjd), verfolgt, die in den 1990er Jahren entstanden ist.

Die Rufer-Bewegung breitet sich schnell aus. Viele Baptistengemeinden werden von einer geistlichen Aufbruchstimmung erfasst. Vor allem in Hamburg und Hannover gehen aus den Jugendtagen Rufergruppen hervor, in Hamburg wird 1968 das Jesus Center gegründet.

Es sind nicht zuletzt Herbert Krause und die Rufer, die Elke motivieren, nach Hamburg zu gehen. Und doch bleibt sie in der Großstadt zunächst ein halbes Jahr ohne Gemeinde. Kein Gottesdienst, keine Chor, keine Mitarbeit. „Ich wollte einfach mal ausprobieren, wie das ist.“ Es ist keine Glaubenskrise, sie genießt einfach zum ersten Mal in ihrem Leben die Freiheit, nicht ganz so eingespannt zu sein, nicht „so zu funktionieren“. Dann wird ihr das zu einsam.

Elke besucht die Oncken-Gemeinde in Eimsbüttel, und natürlich meldet sie sich auch gleich als Mitarbeiterin. Sie steigt in die neu begonnene Teestubenarbeit ein. Die Teestube ist ein offenes missionarisches Angebot. Elke hat auch immer mal gute Gespräche mit Gästen, aber so ganz ist es noch nicht das, was sie machen möchte.

Dann geht sie ins Jesus Center, das Herbert Krause leitet, und von dem sie schon so viel gehört hat, Dort findet Elke ihren Platz in Hamburg.

Ein geistlicher Aufbruch ist in vollem Gange. Wunder geschehen: Nach Gebeten werden Kranke gesund, Suchtkranke werden frei, Menschen, die bisher nichts mit Gott anfangen konnten, kommen zum Glauben. Elke erlebt Gott auf eine Weise, wie sie es überhaupt nicht kennt. So etwas gab es in Büchern, vielleicht in Pfingstgemeinden, aber nicht in ihrer traditionellen baptistischen Tradition. Geistesgaben werden praktiziert. Erstaunliches geschieht. Mitten in einer Gebetsgemeinschaft hat jemand einen prophetischen Eindruck. Er sieht das Bild von einem Wagenrad. Die Gruppe sieht darin ein Reden Gottes. Sie ziehen durch den Kiez, das Rotlichtviertel der Stadt. Keiner von ihnen kennt sich hier aus, aber sie sind sicher, etwas zu finden. Da entdeckt jemand eine Kneipe, auf dem Schild steht der Name: „Wagenrad“. Die Christen gehen hinein, stellen sich vor und sind – zu ihrem eigenen Erstaunen – herzlich willkommen. Ab diesem Tag feiern sie Gottesdienste im „Wagenrad“.

Elke erinnert sich: „Herbert Krause hatte eine faszinierende Art, uns Jesus näher zu bringen. Und er wollte, so wie Jesus, den Leuten am Rande der Gesellschaft die Liebe Gottes vermitteln. Das konnte in der Gemeinde sein oder in der Kneipe."

Diese Erfahrungen motivieren viele Jugendliche, unmittelbar wie Jesus zu leben. Sie gehen auf die Straße, um mit Menschen zu beten. Wo immer es eine Gelegenheit gibt, versuchen sie, den Leuten, die das brauchen, zu helfen.

Natürlich sind die Rufer auch Kinder ihrer Zeit, ein Vorläufer der sogenannten 68er Bewegung. Konventionen wurden in diesen Jahren gesprengt. Neues wurde gewagt, Kommunen gegründet, Selbsterfahrungen spielten eine große Rolle.

Auch die Christen aus dem Jesus Center gründen eine WG. Mit den Bekehrten gehen sie in die Baptistengemeinde Daimlerstraße, eine große konservative Gemeinde mit vielen Älteren, die es aber schaffen, die jungen Wilden sehr gut zu integrieren. Und das ist keine Selbstverständlichkeit in diesen Zeiten des Aufbruchs. In mehr als einer Gemeinde scheiden die Rufer die Geister. Sie stören die Ordnung, bringen das eingespielte Leben durcheinander – und natürlich schießen die jungen Leute mit ihrem geistlichen Eifer auch immer mal über das Ziel hinaus. Auch einige Theologen stehen der Bewegung kritisch gegenüber: Sie sehen, dass hier die Erfahrung im Mittelpunkt steht, „Erfahrungstheologie" wird zum Negativschlagwort, dem gegenüber steht eine nüchterne, biblische Lehre. Es kommt zu Brüchen innerhalb einiger Gemeinden.

In der Daimlerstraße klappt das Miteinander.

Elke engagiert sich mit voller Kraft in diesem Aufbruch, die junge Frau schafft das alles gut neben der Stelle als Arzthelferin. Sie ist ehrenamtliche Mitarbeit gewohnt, und sie ist entzündet von einem neuen geistlichen Feuer. Theologische Streitigkeiten interessieren sie nicht. Sie liebt Jesus und sie mag Menschen, und durch die Rufer lernt sie mehr Menschen kennen als je zuvor. Und viele von ihnen finden zu Jesus.

Elke und Uve – Gegensätze ziehen sich an

Ich wollte keinen normalen Mann", Elke schmunzelt, „das heißt vor allem: ich wollte keine langweiligen Mann, der morgens mit seiner Aktentasche ins Büro geht, zum Mittagessen heim kommt, zurück zur Arbeit geht und dann um 17 Uhr pünktlich wieder zu Hause ist." Sie lächelt. „Woher das bloß kommt?"

In Elkes Familie waren alle sehr aktiv, aber es war auch alles ganz genau geregelt. Ein vorbildliches Familienleben, das Elke zu schätzen weiß, und für das sie bis heute dankbar ist. Aber: die eingespielte Routine hinterlässt eine ungestillte Sehnsucht in der jungen Frau. „Ich wollte etwas Außergewöhnliches. Auch einen außergewöhnlichen Mann."

Dann trifft sie eines Tages im Jesus Center einen jungen Mann, der alle ihre Muster sprengt. Uve Simon war anders als die Baptisten, die Elke kannte.

Nach seiner Ausbildung hatte Uve eine Stelle als Krankenpfleger in Hamburg gefunden. Ehrenamtlich arbeitete er im Jesus-Center mit.

Uve hatte Herbert Krause 1967 bei einer Freizeit der Campingmission kennen gelernt, noch während seiner Ausbildung zum Krankenpfleger. Auch Uve macht außergewöhnliche Erfahrungen, die er so noch nicht kannte. Er beschreibt ein intensives Erlebnis mit der Kraft des Heiligen Geistes bei der Campingmission in Pelzerhagen 1967: „Ein Schütteln erfasste mich beim Beten, ich musste weinen und spürte anschließend eine ganz neue Kraft."

Im Jahr darauf, dem berühmt-berüchtigten 1968, plant Herbert Krause in Hamburg eine Rockerevangelisation. Krause ist beseelt davon, Menschengruppen zu erreichen, die in keine Kirche gehen würden. Die Rocker fuhren schwere Maschinen, hörten laute Musik, tranken, schlugen sich. Wie sollte das gut gehen?

Uve, der ausgebildete Kampfsportler, wird zur Leitung des Ordnungsdienstes eingeladen, und da er noch in Krankenpflegeausbildung ist, schickt ihm Herbert Krause das Geld für die Fahrkarte von Schorndorf nach Hamburg und zurück. Uve übernimmt die Leitung des Ordnungsdienstes. Er lacht bei der Erinnerung: „Da war ich bei der Rockermission der Rausschmeißer

– dabei wollten wir doch Leute einladen." Es ist ein befreiendes Lachen. Denn für Uve verbindet sich mit dieser Veranstaltung eine neue Erfahrung: Er wird zum ersten Mal nicht trotz seiner Vergangenheit gebraucht, sondern mit ihr. Das ist ein Schritt zur Versöhnung mit der eigenen Geschichte.

Heute sagt er: „Alles, was wir heiligen lassen, kann Gott gebrauchen. Noch aus der schlimmsten Erfahrung kann ein Segen werden. Ein missbrauchter Junge wird zum Seelsorger für Sexualstraftäter. Ein Kampfsportler zum Leiter des Ordnungsdienstes. Ein Stotterer, wie ich es war, zum Prediger."

Die Veranstaltung ist ein voller Erfolg. Organisatorisch. Und missionarisch: Über 300 Rocker aus zehn Gangs kommen zu den Abenden in die Gemeinden Altona Holstenstraße und Rübenkamp, 43 von ihnen lassen sich taufen. Das ist so ungewöhnlich, dass sogar die BILD-Zeitung darüber berichtet.

Aus der Rockerevangelisation geht die Gründung des Jesus-Centers hervor. Uve ist im Gründungsteam. Eine neue Vision scheint schwach in ihm auf: Sollte er vielleicht doch nicht in die Außenmission gehen, sondern eher in eine Mission unter Randgruppen in Deutschland?

Elke erinnert sich an die erste Begegnung mit Uve: „Wir saßen am Tisch und alle Mitarbeiter hackten auf ihm herum, er solle seine langen Haare schneiden lassen", sie lacht auf, „na, was heißt lang, Nackenlang waren sie, da würde sich heute kein Mensch mehr drüber aufregen." Sie beobachtet die Szene, ist auf Anhieb von Uve fasziniert. „Wie er gegen die anderen argumentierte, das war toll. Er hatte eine eigene Meinung und verteidigte sie auch gegen die anderen. Ich hatte eigentlich selten eine andere Meinung als meine Eltern, erst in Hamburg habe ich gemerkt, dass ich zu vielem überhaupt keine Meinung hatte." Nie hätte sie für eine Sache so gekämpft, wie Uve es tat.

Und noch etwas zieht sie an. „Außerdem sah er einsam aus, das hat etwas in mir ausgelöst. Ich wusste ja noch nichts über seine Vergangenheit und seine Wunden, aber seine Stärke und Schwäche, die gleichzeitig zu erkennen waren, haben mich fasziniert."

Naja, und gut aussehen tut er auch. Erst neulich traf Elke eine Mitarbeiterin von damals, die raunte mir verschwörerisch zu: „Er war ja auch ein schicker junger Mann, da haben damals alle hinterher geguckt."

Uve strahlt eine unbändige Energie aus, und er hat klare Ziele, die er auch laut kommuniziert: Er will Missionar im Ausland werden (oder vielleicht doch im Inland?). Um sich die Ausbildung auf einer Bibelschule leisten zu können, lässt Uve sich im Albertinen-Krankenhaus, wo er als Anästhesiepfleger arbeitet, zu Nachtdiensten auf der urologischen Station einteilen. Dadurch hat er tagsüber Zeit, um an mehreren anderen Stellen stundenweise parallel zu arbeiten. Er macht Zulassungen für NSU und Audi, übernimmt den Pflegedienst für einen älteren Herrn. Mit dem Geld zahlt er aktiv die Schulden ab, die er in seinem „früheren Leben" angehäuft hat.

Ohne Schulden zu sein, war eine Voraussetzung für die Aufnahme in Wiedenest.

Nebenbei arbeitet er ehrenamtlich weiter intensiv im Jesus Center mit.

Es dauert nicht lange und Uve erzählt Elke seine Lebensgeschichte. Es ist eigenartig, aber nichts davon schockiert die „gutbürgerliche" Elke. Nicht einmal, dass Uve schon im Gefängnis gewesen ist, stößt sie ab. Im Gegenteil: es leuchtet ihr ein, sie versteht es als einen Teil seiner Rebellion gegen das Elternhaus. Auch seine früheren Frauengeschichten findet sie nicht allzu schlimm. Das lag ja hinter ihm, war Vergangenheit. Was in Elke, die sich ganz schnell verliebt hatte, hingegen die Eifersucht weckt, ist die junge Diakonisse Hedi vom Mutterhaus Bethel, die mit Uve in der Krankenpflegeausbildung in Schorndorf war. Die Beziehung zwischen den beiden war zwar platonisch, aber sehr intensiv. So stellt Uve ihr auch Elke vor und fragt sie: „Meinst du, Elke passt als Frau zu mir?"

Doch dann verliebte sich Uve mehr und mehr in Elke. Obwohl ihm der erste Eindruck nicht unbedingt gefiel. Sie ist ihm anfangs zu forsch. Doch sie erleben sich im gemeinsamen Einsatz im Jesus Center, die Gespräche werden intensiver, und die Gefühle erwachen.

Und dann springt der Funke endlich über. Uve kennt noch Zeit und Ort: Am 6. Dezember um 18 Uhr steht Elke vor der Hamburger Hauptkirche St. Petri. Im rostfarbenen langen Mantel mit schwarzem Pelzbesatz. Die dicke Mütze hat sie tief ins Gesicht gezogen. „Man sah nur leuchtende, liebevolle Augen herausschauen." Um Uve ist es geschehen. „Sie sah aber auch süß aus!", überschlägt sich seine Stimme, die Begeisterung bricht noch heute aus ihm heraus.

Elke startet vorsichtige Versuche. Sie lädt Uve zu einem Orgelkonzert am 20. Dezember ein, ihre erste Verabredung. Uve soll sie um 16 Uhr zu Hause abholen, damit sie um 17 Uhr im Orgelkonzert von St. Petri sein können. Er bekäme dann vorher noch einen Kaffee bei ihr. Uve hätte es fast verdorben. Er denkt sich nichts dabei – und bringt zwei junge Schwesternschülerinnen aus dem Albertinen-Krankenhaus mit. Elke ist enttäuscht und lädt diese trotzdem mit zum Kaffee ein.

Uve sehnt sich nicht nur nach einer „süßen" Frau. Wichtig ist all das, was er selber eigentlich nicht kennt: dass sie treu ist, zurückhaltend sein kann. Uve sucht nach Worten: „Lieb, nett, naiv und unschuldig. Vielleicht trifft es das alte Wort `keusch´am besten."

Denn Uve hat auch Ängste. Er weiß, dass er empfänglich ist für Frauengeschichten, und dass ihn das aus der Bahn werfen kann. Auch als Christ. Eine frühere Beziehung hatte einen „Schlingerkurs der Nachfolge" ausgelöst, wie er es nennt. Als die Beziehung zerbrach, stürzte er sich in mehrere Affären, die tragisch verliefen und ihn innerlich von Gott wegbrachten.

Das will er nicht wieder erleben. Uve hatte darum im April 1970 in Hamburg in der Teleevangelisation mit Billy Graham einen neuen Anfang mit Gott gemacht. Auslöser war ein Besuch nach seiner Ankunft im Jesus Center. Dort hatte Herbert Krause ihn als einen zuverlässigen Freund und Mitarbeiter angekündigt. Doch einer der Neubekehrten, Joachim Consentius, hielt sich in der Küche auf. Icke, wie er genannt wurde, hatte lange in der Talstraßenszene im Rotlichtbezirk St. Pauli gearbeitet, und nun eine radikale Lebenswende vollzogen. Er sah Uve an und stellte fest: „So wie du aussiehst, musst du dich noch einmal bekehren." Am selben Tag hatte ihm dies schon Christa Möller, eine Kollegin im Krankenhaus und später Mitglied in der Jesus-Kommunität von Gnadental, gesagt. Das traf Uve. Er war schon immer ein Mensch, der sich nicht verstellen konnte, dessen innerer Zustand sich äußerlich abbildete. Was die beiden erkannt hatten, war seine innere Zerrissenheit. Uve wusste um eine Berufung und er wusste, dass sein Lebensstil nicht dazu passte. Er sah die Notwendigkeit seiner Umkehr. Dazu gehörte auch der Mut, den eigenen Gefühlen zu trauen, aber vernünftig mit ihnen umzugehen, damit nicht wieder alles nur eine große Enttäuschung werden würde.

Uve macht diesen Neuanfang. Jetzt tauchten neue Fragen auf: Sollte er alleine bleiben, um sich ganz dem Dienst für Gott zu widmen? Paulus stand ihm als Beispiel vor Augen.

Aber kann man eine Berufung nicht auch, oder sogar besser, als Paar leben? Hatten sie nicht beide die gleiche Begeisterung für Gott, für Randgruppen, für die Mitarbeit in der Gemeinde?

Gemeinsam finden sie eine Antwort: Sie wollen miteinander Gott dienen und beginnen eine Freundschaft.

Elke möchte Uve gerne so schnell wie möglich ihren Eltern vorstellen. Sie ist so begeistert von ihm, dass sie ihr Glück teilen möchte. Die beiden beschließen, einen unangemeldeten, ersten Besuch zu machen. Das geht gründlich schief.

Auf dem Weg haben sie eine Panne, Uve muss noch etwas am Auto reparieren. So steht er dann vor der Haustür, der potentielle Schwiegersohn: lange Haare, Lederjacke, die Hände ölverschmiert. Der Schrecken aller frommen Baptisten.

„Hallo, ich wollte euch mal Uve vorstellen".

Elkes Vater ist entsetzt. Unter Tränen sagt er seiner Tochter: „Wenn du diesen Mann heiratest, läufst du in dein Unglück."

Elke ist verzweifelt, sie will nicht gegen ihre Eltern aufbegehren. Sie liebt ihre Eltern. Sie denkt: Wahrscheinlich haben sie Recht. Bei Uve reißt die Reaktion alte Wunden wieder auf, er fühlt sich abgelehnt, weggestoßen.

Trotzdem: Die Liebe vertieft sich, die beiden sind sich bald ihrer Sache sicher und wollen heiraten, aber als Elkes Vater bei einem zweiten Besuch erfährt, dass Uve im Knast war, ist er endgültig dagegen.

Noch vier Monate später hat sich die Meinung des Vaters nicht geändert. Elke erfährt es bei einem Geburtstagsbesuch. Als sie abends mit ihrem VW-Käfer nach Hause fährt, rotieren ihre Gedanken: „Knall gegen einen Baum, dann hast du Ruhe."

„In der frommen, heilen Welt der Freikirchen gab es halt keine schwarzen Schafe", stellt Uve fest, und ergänzt nicht ohne eine Spur von Bitterkeit: „Jedenfalls nicht öffentlich."

Uve meint damit nicht nur seine eigene Person. Auch sein Dienst unter verschiedenen Randgruppen, und damit die Menschen, mit denen Uve und Elke sich umgaben, war für die Schwiegereltern – und andere gutbürgerliche Christen – oft ein Problem. Es ist schwer, ehemalige Kriminelle und Suchtkranke in Gemeinden zu integrieren. Sie sind anders, fallen auf, brauchen oft Jahre, um aus ihren alten Verhaltensmustern heraus zu kommen.

Bis heute macht das Uve Bauchschmerzen. „Es kann doch nicht sein, dass die Geretteten sich für etwas Besseres halten und dann den Rettersinn verlieren." Seiner Einschätzung nach, leben sie als „Heilige" und wollen sich von den „Sündern" unterscheiden. Dafür entwickeln sie einen Verhaltenskodex, wie man als Christ zu sein hat. Verdammt werden dann je nach Region unterschiedliche Verhaltensweisen: Weintrinken ist bei den Frommen im Siegerland verpönt, Rauchen steht bei den Pietisten in Baden-Württemberg auf dem Index. „Und sie merken nicht einmal, dass jede Gruppe und jede Region ihre eigenen Regeln aufstellt."

Das Verhältnis zu den Schwiegereltern entspannt sich nur langsam. Als es später zur Heirat kommt, richten Elkes Eltern immerhin die Hochzeit aus. Schweren Herzens, daraus machen sie kein Hehl, aber sie respektierten die Entscheidung ihrer Tochter.

Mit den Jahren wächst dann aber doch eine tiefe Beziehung zum Schwiegersohn. Uve: „Wenn sie heute sagen, und das tun sie erst seit ein paar Jahren, dass ich ein guter Schwiegersohn sei, dann sieht man, wie lange so ein Prozess dauern kann."

Elkes Mutter hat sich später für die Schwierigkeiten entschuldigt, die sie Uve anfangs gemacht hat. Als ihr Leben 2010 zu Ende geht, sitzt Uve an ihrem Sterbebett, betet mit ihr und spricht ihr das Bibelwort zu: „In der Welt, da habt ihr Angst, aber seid getrost, ich habe die Welt überwunden." Sie stirbt versöhnt. „Sie hatte viel Angst in ihrem Leben", resümiert Uve heute, „wahrscheinlich rührte daher auch ihr starkes Sicherheitsbedürfnis.

Auch das Verhältnis zum Schwiegervater wandelt sich mit den Jahren. Wenn Elkes Vater heute anruft, dann endet jedes Gespräch mit dem Satz: „Grüß mir meinen lieben Uve."

Doch bis dahin ist war es ein Stück Weg ...

Und wie es immer ist, auch diese Sache hat zwei Seiten. So wie Elkes Eltern anfänglich ablehnend auf Uve reagieren, stört sich Uve seinerseits an Elkes Hintergrund. „Da war vieles mit der Welt vergleichbar, aus der ich ausgebrochen bin. Ich kam aus einem säkularen Spießbürgerhintergrund, sie aus einem evangelikal-freikirchlichen Milieu, das fand ich eigentlich sehr abschreckend." Andererseits fasziniert ihn diese „heile Welt" auch: „Was ich bis heute toll finde, ist der Einsatz meines Schwiegervaters, der hat seine Familie versorgt und sich nebenbei voll für die Gemeinde engagiert."

Elke ihrerseits lernt Uves Eltern kennen und ist gar nicht begeistert: Die kleinbürgerliche und unchristliche Enge findet sie schrecklich, den Schwiegervater erlebt sie als ziemlichen Muffel. Zu seinem Sohn ist er distanziert, zu seiner Frau herrisch. Die Mutter ist herzlicher in ihrem Wesen.

Uves Eltern reagieren positiv auf Elke. Die Simons nehmen wahr, dass Elke Uve gut tut, sie begrüßen seine Wahl und nehmen die Schwiegertochter freundlich auf.

Trennungszeit

Trotz des Unbehagens in der Familie Fleischhammel scheinen die Wege für die Lovestory nun geebnet. Die beiden lieben sich. Sie haben sich ihren Familien vorgestellt und stehen trotz ihrer Unterschiedlichkeiten und dem Gegenwind zueinander. Doch dann trennen sie sich.

Es ist Silvester 1970. Elke und Uve sind Mitarbeiter bei einer Freizeit der Rufer, die über den Jahreswechsel stattfindet. Beide wollen zuallererst Gott dienen und sind bereit, dafür ihre Beziehung zurückzustellen. Uve sagt heute: „Ich denke, Gott wollte uns prüfen – wie Abraham."

Zunächst bekommen die beiden eine Bestätigung für ihre Beziehung. Noch halten sie ihre Freundschaft in ihrem Umfeld verborgen. Doch nach ihrer Rückkehr von einem Abendspaziergang auf der Silvestertagung werden sie von Ursula Büchel, der Hausmutter, empfangen. Die ältere Dame hat gelegentlich prophetische Eindrücke und spricht Elke und Uve unvermittelt an: „Ich weiß, was mit euch los ist. Gott hat mir einen Bibelvers aus Weisheiten 8, 9-11 für euch geschenkt: ‚Ich habe eine Gefährtin gewählt ... und sie wird mir einen Platz im Tor im Rat der Ältesten verschaffen.'"

Dennoch beschließen die beiden, sich Zeit zu lassen. Besonders für den ungestümen Uve ist das eine schwere, aber wichtige Zeit, in der seine Liebe reifen kann.

Elke geht für ein Jahr nach Ebenhausen bei München. Hier hat Hannelore Döpp eine christliche Lebensgemeinschaft der Rufer-Schwestern begonnen. Schwester Döpp war an Multipler Sklerose (MS) erkrankt gewesen, durch Gebet ist sie gesund geworden. Seither arbeitete sie für die Rufer. Später sieht sie in einem Bild ein Haus, in dem sie selber MS-Kranke aufnehmen soll. Für Hannelore Döpp ein Ruf Gottes. Sie findet dieses Haus in Ebenhausen und gründet eine Schwesternschaft, eine Lebensgemeinschaft nach Vorbild der Diakonissen. In Ebenhausen werden MS-Kranke gepflegt. Sie arbeiten mit der Uniklinik München und der dortigen Entwicklung von MS-Medikamenten zusammen, die damals noch in den Kinderschuhen steckte. Ein Hauptanliegen der Lebensgemeinschaft ist, viel Zeit mit den Menschen zu verbringen und für sie zu beten. Seelsorge hatte eine starke Bedeutung.

Elke kniet sich in die Arbeit. Zugleich macht sie intensive Erlebnisse mit dem Heiligen Geist. Vieles wird von Pastor Wilhard Becker angeregt, der die Einrichtung geistlich begleitet. Erfahrungen mit Geistesgaben gehören zum Alltag der Lebensgemeinschaft: Prophetie und Zungenrede. Das alles: die fachlich medizinische Arbeit, die Seelsorge und die geistlichen Erfahrungen, ist eingebettet in einen ausgelassen fröhlichen und unverkrampften Lebensstil. Die Mitarbeiter, etwa zwanzig an der Zahl, leben mit den MS-Kranken im gleichen Haus eng zusammen.

Sehr positiv erlebt Elke den engen Bezug der Einrichtung zur Baptistengemeinde München-Holzstraße, die zwar traditioneller geprägt ist, sich aber sehr offen zeigt für die neue Arbeit.

Natürlich ist auch hier nicht alles eitel Sonnenschein. Wo Menschen so eng zusammenleben, gibt es auch Probleme. Das kennt Elke von zu Hause so nicht, aber sie lernt, Konflikte auszutragen und zu lösen. Eine gute Vorbereitung für den Alltag als Ehefrau und Mutter.

Allerdings kommt die sensible junge Frau in der Arbeit mitunter an ihre Grenzen. Manche Schicksale sind für Elke nur schwer zu verkraften: etwa die hübsche, junge Frau, deren Hochzeitsfoto auf dem Nachttisch steht, direkt nach der Hochzeit ist sie erkrankt. Hier kommt die Heilkunst an ihre Grenzen, und auch ein Wunder bleibt aus. Die Frage, die daraus erwächst, wird ein steter Begleiter ihrer Arbeit bleiben: „Gott, warum wird der eine gesund, und der andere bleibt krank? Warum erlebt ein Mensch Befreiung von seiner Sucht, und der andere schlittert von einem Rückfall in den nächsten?"

Auch in Uves Leben gibt es einschneidende Veränderungen. Die Schulden sind bezahlt, die Bewerbungsunterlagen geprüft: Im Oktober 1971wird er in der Bibelschule Wiedenest angenommen. Ein lang geträumter Traum geht in Erfüllung.

Doch schon nach drei Tagen gibt es einen ernsthaften Zwischenfall. Der Hausvater will etwas von Uve, zieht ihn von hinten am Arm. Aus einem Reflex schlägt Uve zu. Der Hausvater spuckt Blut und muss zum Zahnarzt. Ein einmaliger, unerhörter Vorfall in der Bibelschule.

Uve ist zerknirscht. Ist es aus? Die Situation klärt sich auf, Uve kann in

Wiedenest bleiben, erhält aber den Hinweis, dass er sich bitte „ordentlich anzuziehen und Haare zu schneiden“ habe. Uve fühlt sich schuldig und folgt darum dieser Aufforderung. Er will sich einfügen – gerade weil er um sein aufbrausendes Temperament weiß. Doch er fühlt sich nicht wohl in dieser Haut.

Der räumliche Abstand zwischen den Verliebten hat den gewünschten Effekt: Obwohl jeder eigene Erfahrungen macht und sich persönlich weiter entwickelt, bringt sie das nicht auseinander, sondern näher zusammen. Ihre Liebe gewinnt an Tiefe. Elke und Uve schreiben sich lange Briefe und besprechen Kassetten füreinander, das Telefonieren ist noch sehr teuer damals. Sie haben sich viel zu erzählen, sind begeistert voneinander.

So bekommen sie Klarheit. Sie sagen „Ja“.

1972 feiern sie im April ihre Verlobung und dann am 8. September die Hochzeit. Als Trauspruch, und damit als „Motto“ für ihre Ehe, wählen sie den Bibelvers aus Matthäus 6, 33: „Trachtet aber zuerst nach dem Reich Gottes und nach seiner Gerechtigkeit! Und dies alles wird euch hinzugefügt werden.“

Uve wird der erste Bibelschüler in Wiedenest, der sich zwischen dem ersten und zweiten Jahr seiner Ausbildungszeit verlobt und dann noch heiratet.

Alles eitel Sonnenschein? Bald nach der Hochzeit landen Simons auf dem harten Boden der Realität. Im Alltag tritt die Unterschiedlichkeit der beiden mit voller Wucht zu Tage.

Uve: „Sie wollte immer, dass ich lerne und arbeite, da hat unser Rhythmus nicht gepasst.“

Elke: „Ich wollte arbeiten, und er wollte immer sprechen und alles aufarbeiten.“ Sie unterbricht sich schmunzelnd, „da kam damals schon der Therapeut in ihm durch“.

In der Bibelschule gibt es einen Ehepaarkreis, doch Simons passen da einfach nicht hinein.

„Die waren immer alle sooo glücklich, und wenn sie Schwierigkeiten hatten, haben sie einfach gebetet – ‚nicht wahr, Schatzi‘ – und dann waren angeblich ‚sofort‘ alle Probleme gelöst. Wir waren die einzigen, die auch mal von Schwierigkeiten geredet haben. Wir waren da immer das ‚unheilige Ehepaar‘, das hat einfach nicht gepasst“, sagt Elke. Und ergänzt, nicht schadenfroh, eher mitleidig: „Heute sind wir 42 Jahre verheiratet, und einige der anderen sind längst geschieden."

Der Stresspegel des jungen Paares wird durch die finanzielle Situation erhöht. Das Geld ist oft knapp. Ihr Studium finanzieren sie durch Nachtdienste in den naheliegenden Krankenhäusern. Simons erleben das ein oder andere Wunder: hin und wieder liegen anonyme Umschläge mit Geld in ihrem Postfach. Dennoch bleibt die Belastung hoch.

Das Hochzeitspaar Elke und Uve, 8. September 1972

Bibelschule

Im Unterricht legen die beiden Simons verschiedene Schwerpunkte fest. Elke liebt die Auslegung des Neuen Testaments durch Armin Riemenschneider, den Schulleiter, der es Wort für Wort erklärt. Auch die praktischen Fächer, wie Seelsorge, mag sie. Ihre Abschlussarbeit trägt den Titel: „Christliche Kinderlieder – kritisch betrachtet." Sie nimmt darin Texte wie „Pass auf kleines Auge, was du siehst" unter die Lupe. Vielleicht arbeitet sie auch ein Stück die Frömmigkeit ihrer Kindheit auf ... Uve, den begeisterten Prediger, fasziniert vor allem Homiletik, die Predigtlehre. Wissenschaftlich arbeitet er über Evangelisation, neue Moral und über Okkultismus.

Beide lieben die Begegnung mit den Missionaren auf Heimaturlaub, die in Wiedenest aus ihrem Alltag berichten. Das ist ein fester Bestandteil des Lehrplanes der Bibelschule, zu der auch ein Missionshaus gehört, von dem aus Missionare in alle Erdteile ausgesandt werden.

Einen besonders tiefen Eindruck hinterlässt der Bericht von Martha Brauner aus Afghanistan. Ihr Lebensgrundsatz fasziniert Uve: „Predige nicht ungefragt, sondern lebe so, dass du gefragt wirst." Simons, die noch nach ihrer Berufung suchen, stellen sich die Frage: „Ob Gott uns vielleicht nach Afghanistan schickt?"

Doch der Traum von der Außenmission bestätigt sich nicht. Eine andere Vision dagegen nimmt Gestalt an. Der WDR dreht eine Sendung über Wiedenest, auch Elke wird interviewt. Spontan antwortet sie ins Mikrophon auf die Frage nach ihren Zukunftsplänen: „Wir werden mal ein Haus haben, in dem wir Straffälligen und Suchtkranken helfen."

Dieser Gedanke schwelt schon eine Weile in ihr, doch jetzt erschreckt sie fast, als sie sich selber die Worte aussprechen hört. Ausgelöst wurde die Idee in ihrer Zeit in München. Hannelore Döpp hatte einmal für Uve und Elke gebetet. Dabei sah sie ein Haus am Berg, in dem Simons Menschen helfen. Dabei hatte sie aber auch gesehen, dass die beiden noch durch viele Schwierigkeiten gehen werden.

Sicher spielte auch die Erfahrung aus dem Jesus-Center in Hamburg mit hinein, wo Uve als Ordner nicht nur „Türsteher", sondern eher so eine Art

Hausvater gewesen ist. Da hatte er gelegentlich auf der Reeperbahn gepredigt, aber ein Dienst als Pastor hatte sich nicht abgezeichnet.

Rückblickend kann man darüber staunen, wie genau sich der prophetische Eindruck von Hannelore Döpp gleich zweimal bestätigt hat: Das Haus in Freiburg lag am Hang, Schloss Zahren liegt am See – und vom See her gesehen ebenfalls auf einem Hang. Doch das ist für das junge Ehepaar noch Zukunftsmusik.

Denn leider bewahrheitet sich zunächst einmal der andere Eindruck von Hannelore Döpp: Die Schwierigkeiten, durch die Simons gehen würden, stellen sich tatsächlich ein.

Uve werden die vielen Auseinandersetzungen in der Ehe zu viel. Er beherrscht sich, unterdrückt die aufgestauten Aggressionen, will nicht mehr der „alte Straßenkämpfer" sein. Er liebt seine Frau. Er will seinem Gott dienen. Doch es kostet ihn viel Kraft. Manchmal rastet er aus.

Elke ist den Umgang mit Gewalt überhaupt nicht gewohnt. Das gab es nicht, im Hause des Bäckermeisters Fleischhammel. Einen gehörigen Schrecken bekommt sie, als Uve kurz nach der Eheschließung einmal die Sicherungen durchbrennen.

„Da hat er mit einer Wucht in den Wäschekorb getreten, das war ein Schreck!" Aber sie fühlt sich nie persönlich bedroht. „Nein, gefürchtet habe ich mich nicht vor meinem Mann." Im Gegenteil, sie hatte Verständnis für ihren Uve. „Das Spiel `du bist die Gute, Uve ist der Böse` habe ich nicht mitgespielt." In der Ehe entdeckt auch Elke neue Seiten an sich: „Ich kann auch aufbrausen." Schmunzelnd erinnert sie sich an eine spätere Episode, als sie einmal eine heiße Pellkartoffel nach dem Ältesten warf.

Die jungen Eheleute lieben sich, doch sie streiten oft. Dazu kommt bei Uve die Panik vor der Abschlussarbeit der Grundausbildung, die er zum Thema „Neue Moral und Evangelium" schreiben soll. Er ist blockiert, kriegt seine Gedanken nicht zu Papier. Da sind sie wieder, die Versagensängste des jungen Uve, der eine Lehre nach der anderen abgebrochen hat.

Auch kann er sich gegen den Eindruck nicht erwehren, dass das Stigma „nicht fromm genug" zu sein, an ihm klebt – trotz neuem Haarschnitt und „braver" Kleidung, die ihn äußerlich verändert haben. Innerlich bleibt er doch der andere, der Außenseiter, der Knacki. Jedenfalls fühlt er sich so.

Uve fällt die Decke auf den Kopf. In Panik schreibt er einen Abschiedsbrief an Elke. Die Ehe und das Studium seien für ihn zu stressig, er schaffe das alles nicht. Dann haut er aus Wiedenest ab.

Als Elke vom Unterricht zurück kommt, die leere Wohnung vorfindet und den Brief entdeckt, steht sie unter Schock. Langsam versucht sie sich in Uves Lage zu versetzen und fasst den Mut, sich bei einer der Dozentinnen auszusprechen. „Meinen Eltern hätte ich es niemals sagen wollen." Sie findet Trost, doch sie steht unter Strom. Sie hat Angst. Sie will Uve nicht verlieren.

Tage vergehen. Dann meldet Uve sich endlich. Er telefoniert mit Elke, kommt aber zunächst nicht zurück. Er schämt sich, hat keinen Mut den Lehrern und Mitschülern unter die Augen zu treten.

Uve „versteckt" sich in Reutlingen. Am Sonntag besucht der verzweifelte junge Mann den Gottesdienst in einer brüdergemeindlich geprägten Gemeinde, in der ihn eigentlich keiner kennt. Zusammengesackt sitzt Uve in seiner hinter einer Säule versteckten Bank, er weiß selbst nicht recht, was er erwartet. Da steht eine Diakonisse auf, geht nach vorne ans Rednerpult. Das war Frauen in dieser Gemeinde eigentlich gar nicht erlaubt! Sie sagt, sie habe den Eindruck, sie müsse einen Bibelvers vorlesen, den Gott für jemanden vorbereitet habe. Sie liest die Stelle Lukas 22, 31 und 32: „Simon, Simon, Satan hat deiner begehrt, aber ich habe gebetet, dass dein Glaube nicht aufhört." Diese Frau kannte Uve nicht. Er ist bis im Mark getroffen. Gott hat ihn wieder eingeholt. Sofort ruft er Elke an – bittet um Vergebung und Rückholung nach Wiedenest. Uve setzt die Ausbildung in Wiedenest fort.

Kurz darauf beginnt dort für ihn ein neuer Dienst. Er wird immer wieder zum Einsatz bei Bibelschülern gerufen, die mit okkulten Belastungen zu tun haben. Vor allem Armin Riemenschneider greift regelmäßig auf die Erfahrungen zurück, die Uve früher selber gemacht und an deren Bewältigung er intensiv gearbeitet hat.

Aus dem Erleben, dass Gott Uves negative Erfahrungen für andere zum Segen setzen kann, beginnt sich seine Berufung nun immer deutlicher abzuzeichnen: Ein Dienst an belasteten Menschen, die in Deutschland am Rande der Gesellschaft stehen.

Uve nimmt die Vision aus Elkes WDR-Interview auf und erarbeitet eine Konzeption, die er detailliert aufschreibt: Er war ja selber im Knast gewesen, daher plant er jetzt ein Haus für ehemalige Strafgefangene. Das Konzept schickt er dem Gefängnispfarrer Wedekind, doch dem gefällt es nicht.

Aber Uve meint es ernst. Auch wenn er sein Konzept zunächst in der Schublade liegen lassen muss. Uve schließt sich einer Helfergruppe an, die Gefangene besucht. Er macht Gefängniseinsätze in Siegburg mit Friedel Pfeiffer, dem Gründer der Gefährdetenhilfe Scheideweg, die ein Haus betreibt, in dem Strafentlassene resozialisiert werden.

Diese Aktivitäten bringen an der Bibelschule erneut Probleme mit sich. Unter seinem Eifer für die Gefangenen leidet der Einsatz für die anderen Fächer. Unter den Lehrern heißt es bald: „Der Simon macht, was er will und nicht was er soll." Uve hat seinen eigenen Kopf. Trotzdem schafft Uve den Abschluss. Wohin soll die Reise nun gehen?

Uve, 1975

Evangelist bei Neues Leben

Uve lernt als Mitstudenten Peter Schulte, den Sohn von Anton Schulte, kennen, den Gründer des Missionswerkes „Neues Leben". Schulte führt in ganz Deutschland und darüber hinaus Evangelisationen durch. Abende mit einem ansprechenden Musikprogramm, Interviews und einer lebensnahen Predigt, an deren Ende zur Entscheidung für Jesus aufgerufen wird. Uve wirkt bei Evangelisationen von Schulte mit. Auch 1973 beim Jesusmarsch in Hamburg unterstützt er ihn. Uve wird eingeladen Jugendstunden in der Gemeinde in Wölmersen zu halten, wo das Missionswerk seinen Sitz hat. Schulte sieht in Uve einige Parallelen zu sich selbst: Der junge Mann hat viele Ideen, ist keiner, der sich leicht einordnen kann.

Die Bibelschulzeit neigt sich dem Ende zu, Elke und Uve suchen langsam nach einer Stelle, an der sie ihre Berufung leben können.

Der Kontakt zu Neues Leben vertieft sich. Uve beginnt als Evangelist im Missionswerk. Zunächst als Praktikant, dann wird er im August 1974 in eine feste Anstellung übernommen. Mit Anton Schulte arbeitet ein Team von etwa zehn Evangelisten, dazu kommen einige Kindermissionarinnen und andere – insgesamt etwa 100 Mitarbeiter.

„Da hat Gott Uve erstmal auf normale Leute losgelassen", lacht Elke im Rückblick.

Für seine erste Predigt in der Gemeinde von Anton Schulte hatte Uve 30 DIN A5-Seiten beschrieben. Er hatte sich intensiv theologisch vorbereitet, etliche biblische Kommentare gewälzt, an jeder seiner Formulierungen minutiös gefeilt. Er wusste: Die neuen Kollegen, die Evangelisten des Werkes, würden ihn genau unter die Lupe nehmen. Uve ist so nervös, dass er sich verblättert und völlig durcheinander gerät. Doch Anton Schulte stellt ihn an. Er sieht Uve ohnehin nicht als Gemeindepastor, sondern als Evangelisten für Randgruppen.

Und was wird mit der Vision von dem Haus für Randgruppen? Schulte meint, Uve sei jung genug, es sei noch genügend Zeit, wenn Gott es wollte, bekäme er sein Haus.

Elke will auch gerne bei Neues Leben arbeiten und bewirbt sich als Kindermissionarin. Doch Anton Schulte erteilt ihr eine klare Absage: „Ehepaare, die beide bei mir im Reisedienst sind, sehen sich nur noch auf der Autobahn. Das tut der Ehe nicht gut."

Elke findet eine Stelle beim Jugendamt. Als Assistentin geht sie der Leiterin des Adoptions- und Pflegekinderwesens zur Hand.

Auch wenn sie nicht bei Neues Leben angestellt ist, begleitet Elke ihren Mann so oft wie möglich bei seinen Diensten. Wo es geht, arbeitet sie ehrenamtlich mit, vor allem in der Kinderarbeit und in der Seelsorge.

Fünf Jahre arbeitet Uve für das Missionswerk „Neues Leben". Er führt regelmäßig Zeltevangelisationen durch. Er ist erfolgreich, die Zelte sind gut gefüllt, Menschen kommen zum Glauben. Doch Uve spürt auch eine gewisse Traurigkeit. Die meisten Besucher sind Christen und deren Familien, nur wenige Leute von außen verirren sich in die Zelte.

Anton Schulte setzt ihn deshalb immer häufiger als Evangelist für Randgruppen ein. Die ersten Veranstaltungen in Gefängnissen finden statt.

Im Oktober 1974 predigt Uve im Gefängnis im hessischen Butzbach. Einer der Gefangenen ist Joachim Scharwächter, ein als „Holländer Jo" bekannter Zuhälter. Weil er als Redakteur der Gefängniszeitschrift einen Bericht über die Evangelisation schreiben soll, trifft er sich nach dem Gottesdienst mit Uve zum Gespräch. Uve trägt einen weinroten Cordanzug. Der gleichaltrige Scharwächter verspottet ihn als „Papagei". Keine vielversprechende erste Begegnung – und doch der erste Kontakt zu einer lebenslangen Freundschaft.

Jo Scharwächter kommt einige Tage später bei dem Mitevangelisten L. Arany zum Glauben. Sein Leben wird komplett umgekrempelt. Auch er spürt eine Berufung in den hauptamtlichen Dienst. Nach einer theologischen Ausbildung wird er Heilsarmeeoffizier. Eine spannende Geschichte, die er in dem Buch „Halleluja-Jo. Vom Zuhälter zum Heilsarmeeoffizier" (in einer späteren Ausgabe „Vom Zuhälter zum Pastor") erzählt.

Die beiden Männer treffen sich in Freiburg wieder. Sie haben eine ähnliche Geschichte, eine ähnliche Berufung und einen ähnlichen direkten, herausfordernden Zungenschlag. Aus diesen Zutaten wächst die Freundschaft. Jo geht in den folgenden Jahren durch viele Tiefen: seine Ehe zerbricht, er muss die Heilsarmee verlassen. Doch die Männerfreundschaft überdauert diese Rückschläge, und hat bis heute Bestand. Uve ist eine treue Seele, er lässt einen Freund nicht fallen. Selbst dann nicht, wenn der Mist baut und rückfällig wird. „Ich kenne doch mein eigenes Herz. Wer weiß, wo ich ohne Gottes Barmherzigkeit heute wäre."

Bei einem anderen Einsatz, im Gefängnis in Hof, bekehrt sich ein Elternmörder. Ein gefährlicher Mann. Er bittet Uve um ein Gespräch. Plötzlich sieht er auf seine Hände und bekommt einen Heul- und Krampfanfall: „Mit diesen Händen habe ich meine Eltern umgebracht!" Der Mann erwartet, dass Uve sich schockiert von ihm abwendet, doch der erzählt ihm von Jesus. Er erklärt dem Mörder das Evangelium anhand der sogenannten „Vier geistliche Gesetze", einer kleinen Verteilschrift von Bill Bright: Alle Menschen sind Sünder und brauchen Vergebung ihrer Sünden. Zum Abschluss schenkt Uve ihm eine Bibel. Er verspricht: „In fünf Tagen komme ich wieder." So lange dauert die Evangelisation, wegen der Uve in der Stadt ist.

Schon am nächsten Morgen, als Uve andere Besuche macht, spricht ihn ein Beamter an und fragt: „Was haben Sie denn mit dem gemacht, der ist ja ganz verändert?"

Der Mann hat sich abends alleine in seiner Zelle bekehrt. Nach seiner Haft wirkt er als Straßenmissionar am Hauptbahnhof in München.

Ein weiteres eindrückliches Erlebnis: In Schwarzenbach/Wald, einer kleinen Stadt in Oberfranken, evangelisiert Uve mit seinem Team. Der Bürgermeister, der eigentlich nur gekommen ist, um ein Grußwort beizusteuern, steht beim Aufruf zur Entscheidung auf und bekennt sich zu Jesus.

Der Mann bittet Uve im Anschluss zu einem Einzelgespräch. Der Bürgermeister hat einiges in seinem Leben angesammelt, wofür er sich schämt. Heute will er vor Gott reinen Tisch machen. Vorne in einer Ecke sprechen und beten die beiden. Merkwürdigerweise lehrt sich das Zelt nicht. Alle Leute bleiben, keiner geht – obwohl das offizielle Programm längst beendet ist.

Da stellt sich nach dem Gespräch heraus, dass im Bühnenbereich die Mikrofone nicht ausgeschaltet waren. Die Leute haben gespannt der Beichte des Bürgermeisters zugehört. Am nächsten Tag hat Uve einen schweren Gang vor sich: er muss den Mann informieren, er hat das Beichtgeheimnis zwar nicht mutwillig, aber grob verletzt. Der Bürgermeister nimmt die Entschuldigung an. Und dann sagt er dem verblüfften Evangelisten: „Das ist nicht schön, aber auch nicht schlimm, denn ich will ja reinen Tisch machen." Diese Offenheit zeigt Folgen: eine Erweckung, ein geistlicher Aufbruch beginnt in der Stadt, viele der Bürger kommen zum Glauben. Danach führt Neues Leben über viele Jahre lang regelmäßig Seminare und Evangelisationen im Ort durch.

Oder da war dieser Abend in Süddeutschland. Anton Schulte hält die Predigt. Von der Straße kommt ein abgebrannter Wermutbruder. Er ist ungewaschen, stinkt nach Alkohol. Die Nachbarn rücken von ihm ab: Doch am Ende des Abends kommt der Mann und bittet um ein Seelsorgegespräch. Er behauptet, er sei Professor, nur durch die Scheidung sei er so sehr runter gekommen. Nun will er neu anfangen. Sie beten. Später erfährt Uve: Die ganze Geschichte stimmt. Der Mann rafft sich tatsächlich neu auf, findet ein neues Leben, eine Gemeinde – und erhält wieder eine Professur.

Natürlich gab es auch Abende, an denen niemand zum Glauben kam. Natürlich gab es Obdachlose, die nicht in die Zelte kamen, Gefängnisse, in denen der Evangelist Uve Simon noch beißenderen Spott erleben musste, als Jo Scharwächters „Papagei". Und natürlich haben nicht alle Geschichten von Bekehrungen ein Happy End. Doch erstaunlich viele Menschen werden von Uves Predigten angesprochen und viele Leben nachhaltig verändert. Er hat seine Berufung gefunden. Vorerst.

Das Missionswerk „Neues Leben" engagiert sich zunehmend in Osteuropa. Seit 1973 hat Uve dort Einsätze. Es ist riskant, offiziell sind in vielen Ländern hinter dem Eisernen Vorhang Missionsveranstaltungen verboten. Die Einfuhr von Bibeln und anderer christlicher Literatur ist strengstens verboten. Doch das nehmen viele Christen, und so auch Uve, nicht hin.

Die Gemeinden vor Ort haben es im Kommunismus schwer genug, sie brauchen Unterstützung. Gemeinsam mit einigen anderen Christen organisiert Uve Unterstützung. Sie verstecken Bibeln in der Karosserie von Autos und schmuggeln sie über die Grenzen.

Jahrelang geht alles gut. Dann werden sie fast gestellt. Beim Transport von in der Dachverkleidung versteckten Devisen. Sie sind zum Weltbankkurs in London getauscht worden und sollten über Rumänien zu notleidenden russischen Christen.

Der Grenzer fragt, ob sie Waffen dabei hätten. Natürlich verneinen die Männer. Der Kontrolleur ist gründlich. Langsam schaut er in jede Ritze, löst Befestigungen. Fast hat er das Dach erreicht, als Uve geistesgegenwärtig eine gusseiserne Pfanne zückt und sagt: „Doch, wir haben Waffen: Bratpfannen! Gefüllt mit Bratkartoffeln und heißem Fett werden sie zu Maschinengewehren für Hausfrauen gegen betrunkene und böse Männer." Alle, auch die Grenzbeamten, fangen an zu lachen, das Auto kann weiter fahren.

Ab 1990 wird der Plettenberger Ulrich Brockhaus ein regelmäßiger Gefährte auf den Reisen in den Ostblock. Die Repressalien gegenüber Christen in Rumänien oder in der Sowjetunion sind auch nach der Wende noch sehr grausam. Manche werden in Arbeitslager nach Sibirien gebracht, viele verschwinden spurlos. Einmal erfährt eine Christin, dass sie verhaftet werden soll. Sie wird im Auto versteckt und mit dem Auto in Sicherheit gebracht. Das ist ein lebensgefährliches Abenteuer.

1975 wird Uve von Neues Leben zur jährlichen Evangelistenkonferenz in der DDR delegiert. Offiziell war das nicht möglich. Die Bundesrepublik war „Feindesland", der Kalte Krieg war auf seinem Gipfel angelangt. Für Besucher aus dem kapitalistischen Westen, Christen noch dazu, war an eine Einladung nicht zu denken. Doch das hielt die Evangelisten aus Ost und West nicht davon ab, Wege zu finden, sich zu begegnen. Ihnen lag die Verbundenheit der beiden Deutschlands am Herzen. Sie waren eins in Gott, da sollten politische Systeme sie nicht trennen.

Die westdeutschen Gäste wurden zu Privatbesuchen eingeladen, nicht als Konferenzteilnehmer. Die Reiseroute und das genaue Programm mussten vorher bei den DDR-Behörden eingereicht werden. So traf man sich „zufällig" stundenweise bei der Konferenz. Und statt eines offiziellen Vortrags oder einer Predigt brachte man ein Grußwort vor. Natürlich roch die Stasi diesen Braten, doch sie duldete es, man wahrte ja nach außen das Gesicht. Für die

DDR-Evangelisten blieb dennoch ein hohes persönliches Risiko. Sie nahmen es auf sich und luden Jahr für Jahr Gäste aus dem Westen ein. Schon bei seinem ersten Besuch lernt Uve den Pastor Uwe Holmer kennen. Die Verbundenheit mit der Familie Holmer besteht bis heute.

Damals, noch als Studenten, lernte Uve nicht nur Reinhard Holmer, einen der Söhne, kennen, sondern auch alle anderen Holmerkinder. Reinhard wird später im Blaukreuz-Zentrum Schloss Zahren der Vorsitzende und Chef von Uve sein.

Uve nimmt bis 1979 regelmäßig an den Evangelistenkonferenzen in der DDR teil. Ulrich Parzany, damals noch in Essen und später in Kassel Generalsekretär des bundesdeutschen CVJM und Leiter von Pro Christ, ist oft mit dabei. Bei einer Konferenz in Hirschluch ist Uve einer der Prediger.

Viele andere Kontakte entstehen. Als Theo Lehmann, der unerschrockene und weit über die DDR hinaus bekannte Jugendpfarrer und Liederdichter aus Chemnitz, erkrankt, kann ihn Uve zu Hause besuchen und ihm Grüsse der Konferenz übermitteln.

Oft verbindet Uve diese Besuche mit verschiedenen Predigten oder Vorträgen (also „Grußworten", wie es offiziell heißen musste). Er gibt Unterricht an der Bibelschule Falkenberg im Fach Evangelistik oder führt auf Wunsch und Vermittlung von Uwe Holmer eine Seniorenevangelisation in der Altenhilfeeinrichtung Lübtheen durch, die zum Diakoniewerk Lobetal gehört. Zwölf alte Menschen entscheiden sich für Jesus. Heute, wieder ein Anlass zum Staunen, befindet sich dort eine Aussenstelle des Blaukreuz-Vereins Schloss Zahren, die Uve nach der Wende aufbaute, und in der jetzt sein Sohn Manuel als Arbeitstherapeut beschäftigt ist.

Nach fünf Jahren geht die Zeit bei Neues Leben für Uve zu Ende. Leider findet sie einen unglücklichen Abschluss: Das Missionswerk veranstaltet eine dreiwöchige Norwegenfreizeit, die Uve leitet. Einer der Teilnehmer hat ein Alkoholproblem.

Der Mann trinkt, und im Suff verprügelt er seine Frau. Uve bekommt das mit, stellt den Mann zur Rede und erteilt ihm eine scharfe Verwarnung. Doch es dauert nicht lange, da fängt das gleiche Spiel von vorne an. Uve hört das, da er im Zimmer über den beiden wohnt, stürmt in den Raum, sieht die geschundene Frau – und schlägt zu. „Dem habe ich ein Veilchen verpasst", sagt Uve – und das klingt auch 40 Jahre später wenig schuldbewusst. „Sollte ich denn zulassen, dass der seine Frau wieder verprügelt?" Und er legt nach: „Ob du es glaubst oder nicht, dem Mann war das eine Lehre. Er hat danach aufgehört zu trinken und seine Frau zu schlagen. Beide wurden ernsthafte Nachfolger von Jesus. Wir standen noch lange in gutem Kontakt." Eine doch eher unkonventionelle Form der Seelsorge.

Für das Missionswerk steht durch den Vorfall die Reputation auf dem Spiel. „Wenn sich das herumgesprochen hätte: bei Freizeiten von Neues Leben schlägt der Pastor zu", zeigt Uve Verständnis. Er wird entlassen.

Der Faustschlag ist der berühmte Tropfen, der das Fass zum Überlaufen bringt, aber nicht der einzige Grund. Uve hat auch noch einen braunen Boxer-Hund, den er regelmäßig auf seine Reisen mitnimmt.

Bei einer Veranstaltung in Hamburg wohnt er mit diesem im Mutterhaus Elim. Als er am Nachmittag zur Ernst-Merck-Halle fährt, um bei einer der ersten großen Seniorenevangelisationen zu verkündigen, bitten ihn drei Diakonissen um Mitfahrgelegenheit. Beim Aussteigen sind ihre Lodenmäntel total gespickt mit Hundehaaren. Diese lassen sich kaum entfernen. Eine Beschwerde geht bei Uves Dienstherrn ein. Nicht die erste wegen des Hundes.

Kurz danach steckt das Missionswerk in einer wirtschaftlichen Krise. Spenden kommen nicht wie erwartet, die finanzielle Situation bei Neues Leben ist angespannt, mehrere Mitarbeiter müssen den Dienst beenden.

Uve ist schon vor Norwegen ein Wackelkandidat. So sehr Anton Schulte ihn und seinen Dienst schätzt. Uves Sprache und sein Lebensstil sind letztlich doch zu sehr auf Randgruppen ausgerichtet. Er spricht zu wenig Fromme an, und die sind nunmal die größte Gruppe, welche die Evangelisationen besucht – und diese mit ihren Spenden auch finanziert.

Auch nach seinem Abschied bleibt Uve Anton Schulte und dem Missionswerk verbunden. Er ist dankbar für die Chance, die er als „junger Wilder" bekommen hat. Viele gute Beziehungen sind in den Jahren bei Neues Leben entstanden.

Mit Männern wie Leo Hoffmann, früher Gastarbeitermissionar in Kassel, der heute in Spanien und Nordhessen lebt, mit Hartmut Böhringer, einem

Mitarbeiter im Jesus-Center, der dann Sozialarbeiter wurde, oder Jens-Peter Gast, der in Hamburg als Malermeister arbeitete, dann Erzieher bei der Stadt Hamburg wurde, sich nebenbei ehrenamtlich bei der Heilsarmee engagierte, und der heute als Pastor der Freien Evangelischen Gemeinde Dessau arbeitet, verbinden ihn bis heute sehr tiefe Freundschaften.

„Es war eine gute Zeit", fasst Uve es kurz und bündig zusammen.

Familie

Neben der beruflichen Herausforderung haben Simons eine schwere persönliche Situation zu bestehen.

Elke und Uve wollen eine Familie werden. Sehnlichst wünschen sie sich Kinder. Als sich vier Jahre lang keine Schwangerschaft einstellt, lassen sich beide untersuchen. Das Ergebnis ist niederschmetternd: „Es hieß wir könnten keine Kinder bekommen." Zuerst war Elke zum Arzt gegangen, alle Befunde waren in Ordnung. Dann lässt Uve sich untersuchen. Das Ergebnis der Ärzte: Uves Keimgut ist tot. Ursache unbekannt. Die Ärzte können es nur vage durch die schlecht geschützte Arbeit beim Röntgen erklären.

Die intensive Arbeit lenkt Simons ab. Sie fügen sich in ihr Schicksal. Kaum aber hat das Paar sich mit der Diagnose abgefunden – da geschieht das Überraschende: Elke ist schwanger.

Uve ist aus dem Häuschen. Laut ruft er aus: „Der Herr tut Wunder!"

Die Schwangerschaft verläuft normal, alle Untersuchungen zeigen: Dem Kind geht es gut. Zur Entbindung wählen Simons ein kleines katholisches Krankenhaus in Wissen an der Sieg. Als die Wehen einsetzen, kommt es plötzlich zu Komplikationen. Das Kind liegt in Steißlage falsch. Ein Kaiserschnitt scheint geraten, doch die Hebamme sagt: „Man kann es auf natürlichem Wege versuchen." Simons lassen sich darauf ein.

Während der Presswehen kommt der Kopf zu langsam durch den Gebärkanal, zehn Minuten atmet das Baby keinen Sauerstoff. Uve reanimiert das Neugeborene, wie er es als Anästhesiepfleger gelernt hatte, doch zu seinem Entsetzen fehlt im Kreißsaal der vorgeschriebene Notfallkasten. Nach weiteren zehn Minuten hört Martin auf zu atmen.

Elke hat starke Blutungen, benommen bekommt sie die Probleme gar nicht richtig mit. „Kann ich mein Kind sehen?", fragt sie die Hebamme. Die antwortet knapp: „Nee, das ist tot." Elke steht unter Schock, liegt wie gelähmt tagelang im Wochenbett.

Uve versteht die Welt nicht mehr. „Da habe ich als Evangelist verkündigt: Gott tut Wunder, und dann dieser Schock." Zu Hause ist das Kinderzimmer schon fertig eingerichtet, nun bleibt es leer. Das Kind wird bald danach beerdigt, in einem kleinen weißen Sarg. Die Predigt hält Anton Schulte. Seine Worte berühren die trauernden Eltern: „Egal ob zehn Minuten oder zehn Jahre oder 100 Jahre, jedes Leben hat seinen Sinn."

Nicht jeder versteht es, die Trauernden zu trösten. Manche schauen weg, andere machen Vorwürfe. Ein Mitarbeiter des Missionswerkes lässt sich gegenüber Uve zu der Aussage hinreißen: „Du musst aber ein großer Sünder sein." Solche Kommentare sind nicht einfach zu verkraften.

Wie schon als Kind hilft ihm auch in dieser Situation ein Tier. Uve hat bei seinen Reisen nun immer den Hund dabei, die langen Spaziergänge lassen ihn zur Ruhe kommen. Schon bald wird Uve „der Boxer mit dem Boxer" genannt.

Es gibt auch gute, aufbauende Begegnungen. Bei einem der ersten Besuche der Evangelistenkonferenz in der DDR führt Elke ein langes Gespräch mit Uwe Holmer. Fragen treiben sie um: „Wo ist mein Kind jetzt? Schläft es, ist es bei Jesus?"

An den genauen Inhalt kann Elke sich nicht mehr erinnern. Aber der Seelsorger, selber Vater einer Großfamilie, fühlt sich ein, gibt hilfreiche Antworten. „Es hatte eine sehr, sehr klärende beruhigende Wirkung, das hat sehr gut getan."

In Elke reift die Erkenntnis: Mein Kind ist bei Gott gut aufgehoben. So endet für sie die Grübelei. Uve dagegen macht das alles mit sich alleine aus.

Wenn Elke heute, fast vierzig Jahre später, darüber spricht, spürt man immer noch die Betroffenheit, doch sie stellt auch fest: „Es ist schon ein Geschenk, dass solche schmerzhafte Erlebnisse in den Hintergrund rücken, und ich heute so darüber reden kann."

Auch wenn sie Trost empfängt, wirft der Tod des Kindes Elke damals aus der Bahn. Sie kündigt im Jugendamt. „Ich konnte einfach nicht mehr mit kleinen Kindern arbeiten." Sie schafft es psychisch nicht. „‚Wie kann das sein?', fragte ich mich. ‚Da werden die Kinder abgeschoben, misshandelt und weggegeben, aber die Frauen kriegen ein gesundes Kind nach dem anderen. Und wir? Wir freuen uns, wir lieben unser Baby, und dann stirbt es.'"

Um nicht alleine zu sein, begleitet sie Uve nun regelmäßig zu seinen Diensten. Das tut ihnen beiden gut, doch meistens übernachten sie in Privatquartieren. Das Kind ist tot, der Schmerz ist lebendig. Auch schöne Begegnungen sind oft brutal.

Bei einer Evangelisation in Stuttgart wohnen Simons für ein paar Tage bei einem „jungen Ehepaar, richtig fit für Jesus" (Elke). Eine schöne Begegnung, eigentlich. Angelika und Hartmut Steeb, heute Generalsekretär der Deutschen Evangelischen Allianz, sind Familienmenschen. Sie hatten zwei Kinder, später werden ihnen acht weitere geboren. Elke, die ihr Kind verloren hat, erträgt das Glück der anderen fast nicht. „Die waren so nett, so angenehm. Aber ich musste immerzu an mein Baby denken." Es dauert Monate, bis sich die Gefühle beruhigen.

Ein Nebeneffekt dieser Zeit: Da Uve in verschiedene Kirchen und Gemeinden eingeladen wird, bekommt Elke einen guten Einblick in die christliche Szene. „Ich habe gemerkt, dass es nicht nur Baptisten gibt."

Simons Kinderwunsch bleibt, ja er verstärkt sich noch. Sie lassen ein Jahr vergehen, Elke wird nicht wieder schwanger. Sie beschließen, ein Kind zur Pflege aufnehmen. Die Amtsleiterin, ihre frühere Chefin, kennt Elke und Uve gut. Sie stellt klar: „Ihr bekommt nur ein zur Adoption freigegebenes Kind. Ein Pflegekind könntet ihr ja doch emotional nicht wieder hergeben."

Sie sind noch unsicher. Dann lernen Simons Manuel kennen. Es ist Liebe auf den ersten Blick. Der süße Junge ist gerade mal elf Wochen alt, eine Ordensschwester fungiert als Ersatzmutter, sie betreut den Säugling in ihrem eigenen Zimmer. Sie weint, als sie den Jungen abgeben muss.

Simons adoptieren Manuel. Der Name ist für die beiden wie ein himmlischer Impuls. Manuel ist hebräisch und heißt übersetzt: Gott (ist) mit uns. Sie sind glücklich. Simons werden eine Familie.

Bei aller Freude: Als Manuel zu ihnen kommt, spürt Elke ihre tiefe Verunsicherung. Sie will „bloß keinen Fehler machen". Sie würde es nicht verkraften, noch ein Kind zu verlieren. Elke liest jedes Buch über Babypflege, das sie finden kann: Wie man badet, wie man wickelt, welchen Brei man füttert. Wieder lacht Elke: „Was war ich bloß kompliziert." Wen wunderts, nach dem

Verlust? Manuel ist ein kleines Kerlchen, ihm tut es gut, aufgepäppelt und mit Liebe überschüttet zu werden.

Dass ihnen später vier eigene Kinder geboren werden, können sie noch nicht ahnen, als sie Manuel adoptieren. Umso glücklicher sind Elke und Uve als die Familie wächst.

Janika, die erste Tochter kommt 1980 zur Welt.

Ann-Kathrin, die aber von allen nur Enna genannt wird, wird zwei Jahre später geboren. Beide Geburten verlaufen unkompliziert, ohne irgendwelche Komplikationen. Die Mädchen sind gesunde, fröhliche Kinder, auch Manuel entwickelt sich gut. Endlich zieht ein „normaler" Familienalltag im Hause Simon ein.

Dann, der nächste Schock. Enna ist gerade zwei Jahre alt. Elke ist erneut schwanger, das nächste Wunschkind meldet sich an. Alles verläuft gut. Bis zur Geburt. Wieder gibt es Probleme. Lars wird tot geboren. Er wird in Folie gewickelt. „Das Knistern höre ich noch heute", sagt Elke. Es ist wie ein schlechter Traum. Müssen sie das alles nochmal durchleben?

Uve reagiert blitzschnell, schon zum zweiten Mal reanimiert der Vater sein eigenes Baby – und diesmal geht es gut, das Herz des kleinen Jungen beginnt zu schlagen. Als Lars seinen ersten Schrei tut, fließen Tränen vor Glück.

Es bleibt nicht die letzte traumatische Erfahrung der Eltern. 1988 freuen sie sich, als sich ihr Nesthäkchen Theresa anmeldet. Elke träumt sogar vorher den Namen des Mädchens. Doch in der 31. Schwangerschaftswoche setzen Blutungen ein. Elke droht das Kind zu verlieren. Ein Not-OP wird gemacht. Theresa kommt per Kaiserschnitt zur Welt. Die Prognose ist schlecht: Das kleine Mädchen wird als nichtlebensfähig eingestuft. Doch die Ärzte versuchen alles, bringen sie zur Frühchen-Station in ein anderes Krankenhaus und ringen um ihr Leben.

Als Elke aus der Narkose erwacht, bricht Panik aus. „Mein Kind war weg, ich dachte, sie ist tot. Nicht schon wieder!" Die Erschöpfung, die Enttäuschung über den erneuten Verlust, Elke kann nicht mehr. Suizidgedanken schießen ihr durch den Kopf. „Zum Glück konnte ich mich im Krankenbett fast nicht bewegen." Endlich bekommt sie von Uve die Nachricht: Theresa lebt. Und mit jeder Minute steigt die Wahrscheinlichkeit, dass sie sich erholt.

Dennoch kann Elke es fast nicht ertragen, dass sie das Kind nicht sehen kann. Sie pumpt Muttermilch ab, Uve bringt die Milch in die andere Klinik.

Theresa schafft es. Das Frühchen kämpft sich ins Leben. Nach sechs Wochen darf sie zur Familie nach Hause. Ob Elke deswegen den Namen geträumt hat? Theresa bedeutet Jägerin oder Kämpferin.

Wenn Simons von ihren Kindern erzählen, spürt man, wie stolz sie auf sie fünf sind. Aber sie wissen auch, dass der Dienst viele Entbehrungen und Schwierigkeiten für die Familie mit sich brachte.

Mit jedem Umzug war ein Bruch im Freundeskreis verbunden. Die Kinder mussten sich in neue Schulen eingewöhnen.

Die Pubertätsjahre bringen viele Konflikte mit sich. Das zehrt an den Kräften. „Da willst du eine gute Familie aufbauen, bist in der Drogenarbeit tätig, und plötzlich experimentieren deine eigene Kinder mit Drogen im Haus."

Janika, die extrem ehrgeizige Schülerin, entwickelt eine Magersucht.

Einige Jahre später entdeckt Manuel, der sich für vier Jahre bei der Bundeswehr verpflichtet hat, dass er seinen Alkoholkonsum nicht mehr im Griff hat. Er verliert seinen Führerschein, das Problem wird öffentlich.

Als Elke von der Sucht erfährt, gehen ihr die Nerven durch. All die Schmerzen brechen mit einem Mal über sie herein. Sie zerschlägt die Kinderbilder im Wohnzimmer.

„Warum müssen wir das alles erleben, Gott? Haben wir dir nicht unser ganzes Leben zur Verfügung gestellt?"

Tage, ja Wochen lang kommt Elke aus dem Grübeln nicht heraus. Immer wieder kreisen die Gedanken um die Frage, warum sie das alles erleben mussten.

„Warum ist unser Kind gestorben?"

Sie atmet tief durch: „Man kennt ja Gottes Gedanken nicht, aber ich habe mich immer mit diesem Gedanken getröstet: wäre unser Kind nicht gestorben, wäre Manuel nicht zu uns gekommen, dieser tolle Junge. Und nun das, Manuel wird Alkoholiker."

Sie unterbricht sich, schluckt. „Plötzlich bohrte die Frage in mir: Oder wäre es ihm bei anderen Eltern sogar besser gegangen?" Sie hebt die Achseln. „Wer weiß das schon."

Trotz aller Krisen, die Kinder meistern ihr Leben. Manuel macht eine

Alkoholtherapie. Später folgt eine Ausbildung, seit Ende 2008 ist er Mitarbeiter in einer Außenwohnstelle des Blaukreuz-Zentrums Schloss Zahren.

Auch Janika stabilisiert sich. Sie schafft ein sehr gutes Abitur, studiert in Kassel Anglistik und Wirtschaftswissenschaften. „Sie hat eine Diplomarbeit geschrieben, da kann ich mir nicht mal den Titel merken", ist Elke beeindruckt. Sie habe die „Gabe der Barmherzigkeit", berichtet Uve, „wie sie die Oma gepflegt hat, während des Studiums, das war bemerkenswert. Sie kann sich auch zu einem dreckigen Bettler setzen und ihm zuhören."
So überrascht es nicht, dass sie einen Beruf in der humanitären Hilfe wählt. Nach Einsätzen mit „humedica" in Afrika, arbeitete sie für die „action medeor" auf Haiti. Heute ist sie dort für die ILO (International Labour Organization) tätig, eine Unterorganisation der UNO.

Enna ist immer ein bisschen „die Brave". Erst als sie zum Studium der Sozialpädagogik nach Kassel zieht, hat sie ihre „schrille Phase", wie Uve es nennt, färbt sich die Haare blau-gelb. Sie findet Anschluss an die Gemeinde der Jesus Freaks und wohnt dort im Haus. Später steigt sie auch für einige Jahre in der Arbeit in Zahren ein, entwickelt in dieser Zeit ein Konzept für jüngere Straffällige. Heute lebt sie in Berlin und arbeitet als Streetworkerin für den Straßenkinder e. V. in Berlin-Mitte und am Alexanderplatz.

Der Sauerstoffmangel bei der Geburt prägt die Kindheit von Lars. Er hat mit den Folgen zu kämpfen, muss etliche Therapien über sich ergehen lassen: Ergotherapie, Logotherapie und manches mehr. Irgendwann wir es dem Jungen zu bunt. Uve lacht: „Mit fünf hat er gezeigt, dass er mein Sohn ist und die Therapien verweigert." Schulisch geht es nur langsam, er macht viel Sport zum Ausgleich. Heute sagt er von sich: „Es ist nicht leicht, aber mit Jesus packe ich es."

Auch Theresa ist als Kind viel krank. Nach einigen Jahren stellen die Ärzte fest, dass sie eine Hörbehinderung hat. Sie besucht eine Spezialschule. Das Lernen fällt ihr nicht leicht. Doch sie beißt sich durch. Auch Theresa entdeckt ihre soziale Ader. Sie geht den langen Weg: Ausbildungen zur Sozialassistentin, dann zur Erzieherin, heute studiert sie in Kassel, wie ihre Schwester, Soziale Arbeit.

Trotz alles Schwierigkeiten, die Familie hält zusammen. Manuel stellt im Rückblick fest: „Auch wenn ich ein ‚schwarzes Schaf der Familie' bin, haben die Eltern immer zu mir gehalten. Das hängt sicher auch mit ihrer Arbeit zusammen, dadurch hatten sie das Verständnis für meine Sucht, sie sind den langen Weg durch die Rückfälle und Therapien mitgegangen, sie haben mich nie abgelehnt."

Elke und Uve mit Manuel und Janica, 1981

Freiburg

Die Zeit bei Neues Leben geht also zu Ende. Es ist 1979, Uve sucht eine neue berufliche Herausforderung. Er liest Stellenanzeigen, bewirbt sich. Bald erfolgt eine Berufung zum Leiter der Stadtmission Freiburg. Uve fasst schnell Fuß in der Arbeit und in der schönen Stadt im Schwarzwald. Er leitet ein Altenheim, nach und nach verschiebt sich der Schwerpunkt in Richtung Randgruppen.

Die Stadtmission eröffnet ein Café, aus dem sich eine Tagesstätte entwickelt. Uve übernimmt den Vorsitz der regionalen Evangelischen Allianz und wird von der badischen Landeskirche mit einer halben Stelle als Seelsorger für die beiden Untersuchungsgefängnisse berufen. Er sagt gerne und sehr bewegt zu – in einer der Justizvollzugsanstalten hatte der junge Ausreißer 20 Jahre davor selber eingesessen.

Gerade einmal 800 Meter von der Stadtmission entfernt steht das Haus der Heilsarmee. Die Leitung übernimmt bald sein Freund Jo Scharwächter, der inzwischen zum Heilsarmeeoffizier ausgebildet worden war. Das Wiedersehen zwischen den Männern ist herzlich. Sofort schmieden sie Pläne. Gemeinsame Straßengottesdienste entstehen freitagnachts am Martinstor. Es läuft gut im Dienst und in der Familie.

Bis es wieder einen tiefen Einschnitt gibt. Immer wieder ist Uve zu Evangelisationen und verschiedenen Predigten unterwegs.

Es ist Ende Februar 1981, Uve ist mit seinem Team bei Rolf Waldeck, dem Gründer und Leiter der Therapieeinrichtung „Hoffnung für dich“ in Schloss Falkenberg. Er fährt danach weiter zum EC-Seelsorgezentrum nach Kassel. Manuel, noch Kleinkind, ist mit dabei, mehrere Mitarbeiter sitzen im Auto, als es kracht.

Der schwere, unverschuldete Autounfall kostet Uve um ein Haar das Leben. Alle anderen steigen unverletzt aus den Trümmern, Uve wird mit dem Hubschrauber nach Kassel in die Klinik geflogen. Eine Woche schwankt er zwischen Leben und Tod, mehrere Wochen bleibt er auf der Intensivstation. Am schwersten sind die Beinverletzungen, ein Fuß soll amputiert werden. Das lässt Uve nicht zu.

Elke kann nur selten kommen, sie sitzt mit Manuel und der vier Monate alten Janika in Freiburg. Sie hofft und bangt und betet.

Nach zwölf Wochen darf Uve endlich nach Hause. Was heißt nach Hause? Er macht noch einen Umweg über Köln, wo er an Krücken und mit Gipsbein eine Trauung hält. In Freiburg bekommt er eine Beinschiene und ein Krankenhausbett im Wintergarten, die Wohnung lag in dritten Stock. Nur langsam verheilen die Wunden. Der linke Unterschenkel und Fuß sind verkrüppelt, und er zieht den rechten nach. Uve trägt orthopädische Schuhe, aber die Schmerzen sind oft unerträglich. Immer wieder hat Uve mit offenen Stellen und Thrombosen zu tun. Der energiegeladene Kampfsportler muss mit einer dauerhaften und fortschreitenden Behinderung leben.

Wie hat er das geschafft?

„Gerade durch den Kampfsport hatte ich Körperbeherrschung und das Überwinden von Schmerzen gelernt."

Uves Mobilität ist eingeschränkt, aber nicht sein Lebensmut und sein Feuer für die Sache Gottes.

Die Arbeit der Stadtmission weitet sich aus. 1982 wird eine leer stehende Villa von der Kirche angemietet, ein ehemaliges Internat. Simons ziehen hier ein.

Für Elke, die schon immer eine Liebe zu alten Häusern hatte, ist es ein Traum. Einen Tag nach der Geburt von Enna findet die Familie in der wunderschönen Jugendstilvilla eine Heimat. Mitten in der schönsten Villengegend von Freiburg. Die Nachbarn sind wohlhabend: Rechtsanwälte, Ärzte, Unternehmer. Simons beziehen die 200-Quadratmeter-Wohnung des ehemaligen Reichsgerichtsrats. Das römische Bad zieren goldene Wasserhähne und Mamorwaschbecken. Das Haus umgibt ein großer Garten wie ein Park, in dem die Kinder spielen können. Manuel erinnert sich: „Das war herrlich. Wenn meine Mutter etwas von mir wollte, und ich wollte nicht, dann konnte ich mich wunderbar verstecken."

Elke stehen Hannelores Döpps Worte vor Augen: das Haus liegt am Hang.

Natürlich war es keine private Villa. Simons nehmen Menschen auf, die keinen anderen Platz zum Leben finden. So kommt einer nach dem anderen dazu, noch haben Simons keine Mitarbeiter. Gelegentlich helfen Praktikanten. Für die drei kleinen Kinder, findet Elke eine Helferin im Haushalt: Bärbel Heinrich aus Baden Baden.

Simons haben eine abgeschlossene Wohnung, aber selten sind sie alleine. Es wird gemeinsam gegessen, Feste werden miteinander gefeiert.

Die Stadtmission bewirbt sich als Träger einer Wohngemeinschaft für Haftentlassene. 80 Plätze werden vom Landeswohlfahrtsverband anerkannt, 30 davon in der Villa als sozialtherapeutische Einrichtung. Uve wird der geistliche Leiter, Elke übernimmt die Hausleitung. Sie sagt rückblickend: „Zum Glück ist das erst ein paar Monate gewachsen, sonst hätte ich es kaum geschafft!"

Und das Familienleben? „Das wurde absolut bereichert", schwärmt Elke. Da haben die Männer einmal ein Kettcar für Manuel gekauft, Weihnachten haben sie den Tannenbaum zusammen geschmückt, manchmal haben ein oder zwei Bewohner auf die Kinder aufgepasst.

Hatte sie keine Angst um die Kinder? „Nein", antwortet Elke deutlich. „Es ist nie etwas passiert. Die hatten alle einen Mordsrespekt vor Uve."

Der hatte mittlerweile einen Spitznamen bekommen: „Pater Jaguar". Das war 1983 im Gefängnis entstanden. Ein Gefangener probte den Aufstand, eine Revolte lag in der Luft, Uve wird eingeschaltet, der mit Wucht zwei Gefangene in die Schranken weist. Das hatten sie dem Seelsorger mit seinen orthopädischen Schuhen gar nicht zugetraut. Pater Jaguar, da klang Respekt mit.

In der Villa herrscht also Frieden, Freude, Eierkuchen?
„Natürlich nicht", Elke lacht, „was denkst du denn? Da gab es manchmal regelrechte Tumulte unter den Bewohnern. Das haben sie aber nicht an den Kindern ausgelassen."

Sie erinnert sich an zwei Männer, die sich beim Spaghettikochen so sehr zerstritten, dass der eine den großen Topf umwarf. Der ganze Boden war bedeckt. Einer rutscht aus, und plötzlich wird es eine Mordsgaudi: sie schlittern barfuß um die Wette. Elke macht sich nichts draus: „Ich fand das einfach nur lustig."

So ist es oft. Simons erleben, dass die harten Burschen in der Lebensgemeinschaft auftauen und sich manchmal geradezu in kleine Jungen verwandeln.

Gemeinsames Leben ist heilsam.

Leider sehen das nicht alle so. Den wohlsituierten Anwohnern sind die Knackis als Nachbarn ein Dorn im Auge. Immer wieder gehen Beschwerden ein. Auch die anderen, neu entstandenen Angebote der Stadtmission, die erste Tagesstätte der Diakonie für Nichtsesshafte nach dem Zweiten Weltkrieg in Deutschland und eine Kleiderkammer, sind manchem ein Dorn im Auge. Viele Ausländer kommen. Multikulti passt nicht jedem. Auch zu Gewalt kommt es vor Ort. Der Stadtmission ist das irgendwann zu viel negative Öffentlichkeit. Uve wird angehalten, die Angebote zurückzufahren. Das will er nicht. Simons leben in diesem Dienst ihre Berufung. Endlich erreichen sie die Menschen am Rande der Gesellschaft, da wollen sie keine Kompromisse machen.

Der Vorstand der Stadtmission setzt sich durch. Er nutzt die nächste Gelegenheit: Der befristete Mietvertrag der Villa läuft aus und wird nicht verlängert. Die Bewohner müssen das Haus verlassen.

Simons können das nicht mittragen. Es kommt zur Trennung.

Heute, im Rückspiegel nach 30 Jahren, schlägt Uve versöhnliche Töne an. „Die Arbeit ging nach unserem Abgang langsamer, aber im gleichen Geist weiter. Das ist gut so. Vielleicht waren wir zu schnell."

Damals sind Elke und Uve bitter enttäuscht. Simons räumen ihre Traumwohnung und stehen vor einem Neuanfang.

Übergänge

Schnell zeichnet sich eine neue Aufgabe ab. Die Familie zieht nach Niedersachsen, in den kleinen Ort Alfeld bei Bad Gandersheim. Uve wird Pastor der dortigen Pfingstgemeinde. Der Kontakt ist über Thorsten Moll und Reinhold Ulonska entstanden, damals Präses im Bund freier Pfingstgemeinen (BfP).

Schon in Freiburg hatten Simons mit den Männern regelmäßig die Gottesdienste der Pfingstgemeinde besucht. „Weil dort die Männer so angenommen wurden wie sie waren. Es war nicht leicht, eine Gemeinde zu finden, wo das der Fall war."

Das ging zwar nicht immer konfliktfrei über die Bühne, einmal stand Uve während der Predigt auf und widersprach dem Gemeindeleiter: „Das kann man so nicht sagen, das ist Irrlehre."

Doch man näherte sich wieder an, und so vermittelt Reinhard Ulonska Uve die Pastorenstelle in Alfeld.

Simons wohnen in einem urigen Bauernhaus mit acht Zimmern im Dörfchen Ohlenrode. In jedem Zimmer steht ein anderer Ofen. Ein sehr einfaches Leben. Auch materiell. Uve versieht seinen Dienst ohne feste Anstellung, die kleine Gemeinde hat nicht die Finanzkraft, um einen Pastor zu bezahlen. Simons verstehen die Zeit als „Leben aus dem Glauben".

Tag für Tag ist es eine Herausforderung, etwas zu Essen auf den Tisch zu bekommen. Nicht nur die Familie will ernährt sein. Simons haben drei der Männer aus dem Haus in Freiburg mitgenommen, die nach der Schließung nicht wussten wohin. Es ist eine harte Zeit.

Auch wenn Simons viel Unterstützung erhalten. Beim Bäcker bekommen sie das Brot vom Vortag. Dieter Schäfer, Leiter der Heilsarmee Göttingen, der später leider sehr frustriert die Heilsarmee verlassen hat, bringt ihnen regelmäßig Essensspenden vorbei.

Der tägliche Stress geht nicht spurlos an der Familie vorbei. Die Spannungen steigen. Einmal wirft Elke mit einer Pellkartoffel nach Manuel. Die Kinder manchen sich einen Spaß daraus. Immer wenn es Pellkartoffeln gibt, erklingt es im Chor: „Mama, man wirft nicht mit Essen."

Mitten in diese angespannte Zeit fällt die Schwangerschaft mit Theresa. Die Frühgeburt, der Kaiserschnitt. Das ist alles zu viel, und so bewirbt Uve sich schon nach einem halben Jahr auf eine neue Stelle.

Die Christliche Straffälligenhilfe „Schwarzes Kreuz" sucht einen Leiter für das gerade gegründete Projekt Brückenbau, eine örtliche Anlaufstelle, die in Celle im Haus der Geschäftsstelle angesiedelt werden soll. Uve bekommt die Zusage, da ihn Hartmut Schäffer und Otfried Junk von der Evangelistenkonferenz und seiner Arbeit in Freiburg kennen, und so zieht die Familie 1989 wieder um.

Auf der Fahrt kommt es erneut zu einem Autounfall. Manuel schläft hinten im Auto. Sie kommen mit dem Schrecken davon. Aber irgendwie passt es ins Bild in dieser schwierigen Zeit.

Uve kommt mit vielen „Knackis", wie er sie liebevoll nennt, in Kontakt. Er erzählt ihnen unverblümt seine eigene Geschichte: vom Kriminellen zum Pastor. Immer wieder erlebt er, dass Männer sich daraufhin für den Glauben öffnen. Der Evangelist Uve Simon ist in seinem Element.

Spektakulär ist die Bekehrung des Doppelmörders Johannes, dessen Zeugnis dann vielfach veröffentlicht wurde. Der hat den Gruppenleiter des Schwarzen Kreuzes bedroht. Uve mischt sich ein, meint er solle sich lieber mit ihm messen und bietet dem Mann ein Armdrücken an. „Aber wenn ich gewinne, gehst du heute Abend mit mir zum Vortrag." Johannes willigt ein. Großspurig kündet er an, Uve problemlos zweimal zu besiegen. Rechts gewinnt er tatsächlich, links hingegen gewinnt Uve, der ja Linkshänder ist. Johannes kommt als Verlierer mit zu einer Veranstaltung der „Geschäftsleute des vollen Evangeliums". Dort gibt ein Mitarbeiter eine Weissagung weiter. Er zeigt auf Johannes: Der Mann dort hat die und die Probleme, und er zählt mehrere Details aus dem Leben von Johannes auf, „aber er kann heute mit Jesus anfangen". Johannes rastet aus, er beschimpft Uve, weil dieser seine Lebensgeschichte ausgeplaudert hätte, die hier nun öffentlich heraus posaunt werde. Als es Uve schließlich gelingt, Johannes zu beruhigen, und ihm versichert, dass er nichts gepetzt habe, sondern der Mitarbeiter eine Prophetie von Gott bekommen habe, ist dieser wie vom Donner gerührt. Er bekehrt sich. In einer Baptistengemeinde wird er bald darauf getauft, und entwickelt sich zu einem verbindlichen Mitglied.

Doch auch beim „Schwarzen Kreuz" beendet ein Zwischenfall die Arbeit nach nur anderthalb Jahren. Uve begleitet einen Straffälligen im Ausgang. Ein Zivilist greift diesen mehrfach an. Uve verwarnt ihn. Es kommt zu einer Auseinandersetzung. Der Mann hört nicht auf und schlägt plötzlich auf Uve ein. Wieder zucken die alten Reflexe des ehemaligen Kampfsportlers. Uve blockt hart ab. Wie sich herausstellt, war der Mann im Auftrag der Polizei unterwegs, um den Begleiter von Uve zu provozieren. Uve wird angezeigt und zu einer Geldstrafe von 40 Tagessätzen verurteilt. Das Dienstverhältnis wird auf Wunsch von Uve kurz danach aufgelöst. Doch immerhin hat er es geschafft, die Einrichtung in 18 Monaten zur geförderten und öffentlichen Anerkennung zu bringen.

Wieder stehen Simons mit leeren Händen da. Eine neue Berufung zeichnet sich nicht ab. Was tun?

Mit einigen alten Freunden gründet er einen eigenen Verein, das Sela-Team. Als Satzungszweck formulieren sie: „Seelsorge, Evangelisation und Lehre an Randgruppen". Zum 1. Vorsitzenden wird Jo Scharwächter gewählt und Uve Simon zum Geschäftsführer bestellt.

Hauptsächlich Uve ist nun wieder im Reisedienst als Evangelist unterwegs. Nach einem erfolgreichen Start mit vielen Einladungen beginnen sich aber bald Probleme abzuzeichnen: Jo Scharwächter schlittert in eine Ehekrise, muss den Dienst bei der Heilsarmee quittieren. Durch sein Buch „Halleluja-Jo" und viele Einladungen zu Talkshows war er einer breiten Öffentlichkeit bekannt geworden. Nun, nach der Scheidung, leidet die Anerkennung des Vereins, der rege Spendenfluss bricht ein.

Uve muss sein Gehalt aufbessern, um die Familie zu versorgen. Er besinnt sich auf seinen alten Beruf und macht Nachtdienste in der Krankenpflege im Tabea-Krankenhaus in Hamburg.

Dennoch stehen auch weiterhin viele Reisedienste auf dem Programm, neue Kontakte nach Osteuropa entstehen. Wo immer es geht, nimmt er die Kinder mit, um das Familienleben nicht allzu sehr zu belasten. Theresa erzählt begeistert: „Wir durften mit nach Hamburg, und dort im Krankenhaus übernachten, das war spannend. Wenn Papa uns mitgenommen hat, waren das immer viele tolle Ausflüge."

Ihre Wohnung haben Simons weiterhin in Celle. Uve nimmt sich zusätzlich ein Personalzimmer im Wohnheim des Krankenhauses.

Allerdings wechseln sie die Gemeinde, da Uve, nachdem er verurteilt wurde, von einigen Gemeindegliedern der Baptistengemeinde gemieden wird. Elke leidet am meisten darunter. Sie findet das ungerecht. „Andere machen doch auch Fehler, nur sind die weniger sichtbar", erregt sie sich noch heute.

In der Calvary Chapel Church werden sie unvoreingenommen willkommen geheißen. Sie wird von dem Sänger Markus Egger geleitet, der als ehemaliger Star des esoterischen Kult-Musicals „Hair" zum Glauben gekommen war, und mit „Semaja" eine der ersten christlichen Rockbands in Deutschland gegründet hatte. Viele junge Familien besuchen die Gemeinde, die Gottesdienste sind lebendig, die Musik modern. Auch die Kinder fühlen sich wohl.

Vier Jahre lang evangelisiert Uve für das Sela-Team, entwickelt und begleitet Projekte in Osteuropa, macht nebenbei die Nachtdienste im Krankenhaus. Das zehrt an der Kraft.

Da kommt die Berufung als Leiter der Stadtmission und Kirchendiakonie in Schwerin zum Januar 1995 gerade Recht. Auch die Leitungsposition ist reizvoll: Damit ist er verantwortlich für diverse Sozialeinrichtungen mit 500 Mitarbeitern. Uve verantwortet einen Haushalt von 27 Millionen Mark, eine echte Hausnummer. Die Arbeit gelingt ihm gut. Doch es fällt Uve nach den Jahren als Evangelist schwer, dass Mission eigentlich kein Thema in der täglichen Arbeit ist.

Zunächst pendelt er täglich zur Dienststelle von Celle nach Mecklenburg, nach neun Monaten zieht er mit der Familie um. Doch das Einleben gelingt den Simons diesmal nur schlecht. Die Kinder hatten in Celle und im christlichen Umfeld Wurzeln geschlagen, in Schwerin gelingt es ihnen kaum. So zeichnet sich bald ab: Diese Station wird nicht die letzte sein.

Schloss Zahren – Die Lebensaufgabe

Zahren. Ein kleiner, verschlafener Ort am Müritz-Nationalpark, der zur Gemeinde Groß Vielen gehört. Ein paar Häuser, ein im Landhausstil erbautes Schloss. Herrschaftlich liegt es am See. Das ist der ganze Ort. Ein Schloss? Wer mit dem Auto auf den Hof rollt, fährt an den kaputten Nebengebäuden vorbei und sieht noch ein bisschen von dem Chaos, das Simons hier vorgefunden haben, als sie 1996 zu „Schlossherren" in Zahren berufen wurden. Während der DDR-Zeit gab es kein Interesse an diesem Gebäude, es passte nicht in den Arbeiter- und Bauernstaat und verfiel zu einer Ruine.

In mühevoller Arbeit haben Vichels, Simons Vorgänger, und ihr Team angefangen, das Schloss von Grund auf zu sanieren. Die neuen Leiter und die Bewohner setzen das Werk in jahrelanger Arbeit fort.

Wer das Schmuckstück heute sieht, die prächtige Treppe, den schön angelegten Garten, das liebevoll gestalte Rondell in der Einfahrt, der kann sich kaum noch vorstellen, wie es hier einmal aussah. Fussböden mussten eingebaut werden, der Wohnbereich hergerichtet, Zimmer gestaltet, Fassaden erneuert.

Warum haben sie sich diese Mühe gemacht? Warum sind Simons der Anfrage aus den Tiefen Mecklenburgs gefolgt? Zu einem Verein mit einem maroden Schloss, der kurz vor der Insolvenz steht?

An Heiligabend 1995 erreicht Uve die Anfrage des Blaukreuz-Zentrums, ob er die Leitung von Schloss Zahren übernehmen möchte. Der Verein hatte sich bald nach der Wende, 1991, gegründet. Maria und Andreas Vichel nahmen einige Alkoholkranke im Pfarrhaus in Groß Vielen auf. Der große Traum war eine Lebensgemeinschaft für straffällige, suchtkranke und verhaltensgestörte Menschen im Schloss Zahren. Nun schien die Zeit reif und Uve der richtige Mann für den Aufbau der Einrichtung zu sein.

Der sagt aber zunächst ab. Er lebt in sicheren wirtschaftlichen Verhältnissen, muss eine Familie versorgen, trägt Verantwortung. In Zahren dagegen erwartet ihn nichts von alldem. Im Gegenteil. Eine Baustelle und ein Finanzloch von Millionen.

Doch es lässt ihn nicht los. Die Familie bleibt in Schwerin fremd, die Arbeit bei der Stadtmission blüht wirtschaftlich, doch geistlich fehlt Uve, dem Evangelisten, die Herausforderung. Und dann ist da diese alte Verbundenheit nach Mecklenburg und zur Familie Holmer, über die ihn die Anfrage erreicht. Und, das Haus liegt am Hang. Sollte die alte Vision noch einmal, jetzt dauerhaft, Wirklichkeit werden?

Drei Monate vergehen. Simons überlegen, beten, dann steht fest: Sie wollen den Wechsel wagen. Uve fragt beim Blauen Kreuz nach, ob die Stelle noch frei sei. Er trifft sich mit Herman Hägerbäumer, Geschäftsführer Blaues Kreuz Deutschland, und Markus Holmer, Geschäftsführer Blaues Kreuz Ost, einem der Söhne von Uwe Holmer, in seinem Büro in der Stadtmission Schwerin. Am nächsten Tag geht es nach Groß Vielen zu Gesprächen mit dem Vorstand des Ortsvereins.

Sie finden zueinander. Uve wird berufen, zunächst für fünf Jahre.

Familie Simon zieht nach Groß Vielen. Wieder einmal in ein kleines Dorf.

„Gerettete" Alkoholkranke, wie man sie beim Blauen Kreuz nennt, aus den Gruppen in den umliegenden Orten helfen beim Aufbau.

Der Druck ist enorm. Das Schloss muss so bald wie möglich fertig werden, um Klienten aufnehmen und die finanziellen Verpflichtungen bedienen zu können. Simons arbeiten Tag und Nacht: Uve ist angestellt, Elke wirft sich unbezahlt mit aller Kraft in die Arbeit.

Viele private Dinge müssen zurückstehen, es wird improvisiert. Theresa erinnert sich: „Sofort nach dem Umzug ging die Schule los, ich hatte keine saubere Unterwäsche mehr, Mutti musste erstmal die richtige Kiste in der Garage suchen."

Die Familie stößt mehr als einmal an ihre Grenzen. Doch sie geben nicht auf.

Nach einem Jahr ist das erste große Ziel erreicht: Am 12. März 1997 lädt das Blaukreuz-Zentrum zum Tag der offenen Tür ein. Die Kernsanierung ist fertig. Das Schloss kann besichtigt und allmählich bezogen werden.

Uve hat ein Mitarbeiterteam zusammengestellt. Er achtet auf eine Mischung aus persönlicher Erfahrung und fachlicher Kompetenz. In der unsicheren Situation ist es nicht leicht, Fachkräfte zu bekommen. Viele der ersten Mitarbeiter werden „on the job" ausgebildet, wie man es heute nennt.

Einige Mitarbeiter sind Betroffene, die, wie Hansi, selber eine Sucht oder, wie Gerald, eine Haftstrafe hinter sich haben, sie absolvieren berufsbegleitende Ausbildungen. Hansi, den Arbeitstherapeuten, lernt Uve in der Blaukreuz-Gruppe in Penzlin kennen. Nicht nur bei den Klienten, auch an den Biographien der Mitarbeiter wird Simons Lebensmotto deutlich: „Bei Gott gibt es keine hoffnungslosen Fälle."

Uve bildet sich ebenfalls weiter. Er macht eine Ausbildung zum Coach in der Deutschen Gesellschaft für Coaching, die er 2008 abschließt, den Mastercoach, also den Ausbilder für andere Coachs, schließt er an.

Die ersten Belegungen erfolgen ab März, die offizielle Eröffnung mit 20 Betten wird im Juni 1997 gefeiert.

Über 15 Jahre bleiben Simons in Zahren. Die Arbeit wächst an Qualität und an Plätzen. Als Uve 2012 mit 67 Jahren in den Ruhestand geht, hat die Einrichtung 140 Betten.

Neben dem Hauptsitz Schloss Zahren sind vier weitere Häuser mit Außenwohngruppen dazu gekommen, ein Netz von Nachsorgeeinrichtungen schließt sich an die Kerntherapie an: In Dummersdorf, Lübtheen, der Wasserburg Turow und Stralsund.

Das Blaukreuz-Zentrum Schloss Zahren ist ein anerkannter Träger der Suchtkranken- und Gefährdetenhilfe, Mitglied im Diakonischen Werk und der Arbeitsgemeinschaft Christlicher Lebenshilfen (ACL).

Die Mitarbeiter sind fachlich qualifiziert, viele in mehreren Fachrichtungen.

Voraussetzung für eine Aufnahme in Zahren ist die Bereitschaft zur Sozialtherapie und die Kostenzusage des überörtlichen Sozialhilfeträgers.

Mitarbeiter betreuen Inhaftierte in allen Gefängnissen des Landes: in Bützow, Neubrandburg, Neustrelitz, Stralsund, Waldeck, als zugelassene Seelsorger mit eigenem Schlüssel. Sie führen Einzelgespräche und arbeiten in Gruppen. Mit der Eröffnung des Schlosses 1997 hatte Uves Mitarbeiter Uli Konrad, langjähriger Vorsitzender des Landesverbandes Mecklenburg vom Blauen Kreuz, als Seelsorgehelfer im Gefängnis in Neubrandenburg begonnen, ihm folgte Michael Pahl, der Sportherapeut von Zahren, der dann auch mit der Arbeit in Bützow begann und zugleich die erste Außenwohngruppe in Vielist bei Waren leitete, die später nach Lübtheen umgesiedelt wurde.

Bei seinem Ausscheiden blickt Uve auf 360 Klienten, allesamt schwierige Fälle, zurück. Gewaltverbrecher wie Brandstifter, Mörder und Sexualtäter sind darunter, drogeninduzierte Psychotiker, Alkoholiker mit fortgeschrittenem Korsakow-Syndrom. Fast alle sind wegen ihrer multiplen Problemlagen aus anderen Einrichtungen herausgeflogen. Voller Freude berichtet Uve, dass 120 Menschen langfristig sozial integriert werden konnten, also ein Drittel aller Aufgenommenen.

Das Schloss Zahren, 2011

Menschen – nicht nur „Knackis“

Das Schloss ist nicht nur die Zentrale des Vereins „Blaukreuz-Zentrum Schloss Zahren“. Für die Menschen, die hier leben, ist es auch eine Art Heimat. Hartgesottene Jungs und leichte Mädchen, Frauen und Männer jeden Alters. Eigentlich Menschen wie „du und ich“, nur dass jeder einzelne eine Geschichte hinter sich hat, die wie aus einem Kriminalroman klingt. Zerrüttet durch falsche Vorbilder, durch Gewalt und Lieblosigkeit oder durch Missachtung, die meisten von ihnen haben schon als Kinder Schlimmes erlebt.

Menschen, die jede Hoffnung verloren haben, bekommen im Schloss Zahren die Chance zu einem Neuanfang.“

Uve meint: „Ich bin durch Jesus Christus frei geworden und das kann nach meiner Erfahrung jeder Mensch erleben, der sich auf ihn einlässt! Unsere Leute sind zwar oft sehr dement, aber Jesus Christus kann jeden gebrauchen! Können nicht auch einfache Menschen andere von der Straße aufnehmen und ihnen helfen, brennend Jesus nachzufolgen?“

Uve Simon hat viele Gespräche geführt, die nach dem gleichen Muster begannen: „Mir hat noch nie ein Mensch geholfen, die haben mir alle nur in den Hintern getreten.“

Darauf kennt Uve nur eine Antwort: „Dann komm, wir helfen dir. Bei Gott gibt es keine hoffnungslosen Fälle.“

Immer schon hat ihn die Frage umgetrieben: Wie können wir Menschen erreichen, die sonst keiner nimmt, Menschen, die durchs soziale Netz fallen? Noch im Ruhestand überlegt er, welche Angebote es braucht, damit wirklich jeder Mensch eine Chance erhält.

Menschen, wie Hans-Jürgen. Der ehemalige Hells-Angel kam von Hamburg nach Zahren. Die eigene Kindheit geprägt von Gewalt und Missbrauch, war sein Weg früh vorgezeichnet: Schlägereien, Diebstahl, Zuhälterei – Gefängnis. Niemand hätte einen Pfifferling für ihn gegeben, als er ins Schloss Zahren kam. Die Sozialprognose hätte düsterer kaum sein können. Doch irgendwie gefällt es ihm im Schloss. Er ist kein einfacher Klient, häufig gibt es Streit mit Bewohnern und Mitarbeitern. Doch Hans-Jürgen hält durch. Nach der Zeit im Schloss bleibt er in der Gegend, wird Mitarbeiter im Nachtdienst. Nach ein paar Jahren erkrankt er an Krebs. Lange schleppt er sich mit der Krankheit durch, bis er sein Leben in Gottes Hände legt. Bald darauf stirbt er. Für Uve steht fest: „Er hat Vergebung erlebt, ich werde ihn in Gottes Ewigkeit wieder treffen."

Oder da ist Werner K. Ein mehrfach verurteilter Sexualstraftäter. Werner ist ein freier Mann, der seine Strafe abgesessen hat, eine Sicherheitsverwahrung ist nicht vorgesehen. Er will nicht „rückfällig" werden. Er sucht auf eigene Faust einen Platz für eine Therapie, an einen Ort, an dem er leben kann. Doch keiner nimmt ihn auf. Hat ein solcher Mensch überhaupt eine Chance verdient? Die Rechtsradikalen wollen ihn in seinem Heimatort lynchen! Werner will nach Zahren. Für Uve ist die Sache klar. „Ist das Schloss nicht der ideale Ort für einen solchen Menschen?

Uve weiß: „In irgendeiner Privatwohnung ist Werner K. viel gefährlicher. In Zahren ist er ab vom Schuss und erfährt fachliche Begleitung. Er lebt in einer Gruppe, kann sich nicht verstecken und irgendetwas aushecken." Doch das versteht nicht jeder.

Der Fall Werner K. jedenfalls sorgt für reichlich Wirbel. Die Boulevardpresse hatte Werner entdeckt. Sie berichten über seine Vorstrafen, verfolgen ihn auf Schritt und Tritt. Als sie erfahren, dass der Sexualstraftäter in Zahren lebt, formierte sich der Widerstand der Anwohner. Sie demonstrieren vor dem Schloss. Dabei hat es nie große Probleme zwischen den Nachbarn und den Schlossbewohnern gegeben. Reißerische Berichte, die in etlichen Medien erscheinen, heizen die Stimmung weiter an. Noch mit am objektivsten berichtet die linksgerichtete „taz" in ihrer Reportage „Jesus liebt Zahren".

Uve spricht davon, dass eine regelrechte „Hetzjagd" begann. Das Jahr 2008 wurde zu einer Herausforderung für den ganzen Verein. Plötzlich wird sogar die Fachlichkeit der Einrichtung in Frage gestellt. Die Bewohner, die Mitarbeiter und auch der Vorstand des Vereins wollen Werner K. halten, sie sehen, wie er an sich arbeitet. Nicht aber die Landessuperindendentin und der Landespfarrer für Diakonie. Der Druck wird zu stark. Werner zieht aus.

Uve versteht ihn. Aber er ist enttäuscht über die Reaktion der sogenannten guten Bürger. Werner K. ist in seinen Augen dabei, sich wirklich weiter positiv zu verändern.

2014 hat Werner K. die Führungsaufsicht und Bewährungszeit erfolgreich abgeschlossen. Er sucht immer noch freiwillig Rat und Hilfe bei Mitarbeitern von Schloss Zahren. Er akzeptiert gerne Gebet als Hilfe für ein straffreies Leben.

Uve meint: „Ich möchte allen Menschen, wirklich allen, immer wieder neu begegnen. Das, was gewesen ist, die Schuld, die sie auf sich geladen haben, kann niemand wieder gut machen. Da gibt es nichts schön zu reden. Aber Gott hat die Schuld getragen. Seit Jesus am Kreuz für uns gestorben ist, gibt es eine neue Hoffnung. Menschen müssen von neuem anfangen können."

Zahren ist ein Ort, an dem das möglich ist.

Wie offen geht man im Team mit den Geschichten der Männer um? „Sehr offen. Dabei muss man manchmal gar nicht alles über einen Menschen wissen. Man kann auch zu sehr in der Vergangenheit herumwühlen. Das führt dann zu neuen Traumatisierungen", erklärt Uve. „Und auch nicht jeder Mitarbeiter muss alles über jeden wissen. Das belastet das Team und verhindert bei den Menschen einen Neuanfang."

Neuanfang. Für Uve ein zentraler Begriff. Einmal durfte ich, Uwe Heimowski, das unmittelbar miterleben. Ich schrieb darüber einen kleinen Bericht:

Wintertaufe im Planschbecken

Es war ein klirrend kalter Tag im Februar. Minusgrade. Im Hof vor der kleinen Hauskirche in Mecklenburg-Vorpommern war ein Planschbecken aufgebaut worden. Der Dampf des heißen Wassers, das mit Tauchsiedern angewärmt worden war, stieg in die neblig-trübe Höhe. Um das Becken herum versammelte sich eine Gruppe Zuschauer. Zwei Männer in weißen Kleidern warteten auf ihre Taufe.

Ich kniete mich in das Wasser, einer der Männer legte sich daneben.

„Glaubst du, dass Jesus Christus zur Vergebung deiner Sünden gestorben ist? Glaubst du, dass er auferstanden ist, um dir ewiges Leben zu schenken? Glaubst du, dass Gott einen neuen Menschen aus dir machen möchte?"

„Ja, das glaube ich."

„Dann taufe ich dich im Namen des Vaters, des Sohnes Jesus Christus und des Heiligen Geistes."

Während ich sprach, tauchte ich den Kopf des Mannes unter das Wasser.

Als er prustend wieder auftauchte, empfing ihn Applaus. Bibbernd stieg er aus dem Wasser, ein Handtuch und eine Decke wurden um ihn gelegt, und er wurde ins Haus geführt. Ich wartete im Wasser und fror. Doch die Freude, die Fritz aus allen Poren strahlte, steckte mich auch an.

Dieser Mann ein neuer Mensch? Fritz war 49 Jahre alt, davon hatte er 21 Jahre im Gefängnis gesessen und weitere acht Jahre in der geschlossenen Psychiatrie verbracht. Die Schäden dieser Zeit waren ihm deutlich anzusehen, er war in seinen Bewegungen verlangsamt und sein Gedächtnis hatte gelitten, gegen seine wiederkehrenden Ängste nahm er Medikamente. Nun lebte er seit zwei Jahren in Schloss Zahren, einer sozialtherapeutischen Einrichtung für suchtkranke und haftentlassene Menschen. Hier hatte er bei den täglichen Andachten von Jesus Christus gehört. Uve Simon, der Leiter der Einrichtung, hatte selber als junger Mann im Gefängnis gesessen und dann durch eine Bekehrung einen neuen Weg eingeschlagen. Fritz hörte das. Aber konnte es auch ihm gelten? Kann Gott einen solchen Berg von Schuld vergeben? Eines Tages wagte er den Schritt, und betete: „Gott, vergib mir meine Schuld und schenke mir ein neues Leben."

Wenige Wochen danach machte ich ein Seminar in der Einrichtung. Mein Freund Uve rief mich kurz vorher noch an:

„Uwe, du bist doch Pastor. Fritz ist seinen Weg mit Gott gegangen, nun möchte er sich gerne hier in der Gemeinde taufen lassen. Kannst du das nicht machen? Er würde sich sehr freuen, wenn du es tust."

„Warum nicht. Habt ihr denn ein Taufbecken?"

„Nein, aber wir können im Hof ein Planschbecken aufstellen."

„Draußen? Im Februar? Mitten im Winter?"

„Klar, die Taufe geht doch schnell."

Ich sagte zu. Und taufte Fritz. Und so kam ich zu einer sehr kräftigen Erkältung. Doch was ist das schon? Fritz kam zu einem neuen Leben.

Das Leben teilen

Die Pionierzeit, der Aufbau der Arbeit im Schloss, verlangte vollen Einsatz von allen. Da gab es für Familie Simon jahrelang kaum eine Trennung zwischen Arbeit und Privatleben.

Simons waren das gewohnt. Schon in Freiburg hatten sie mit den Betreuten in einem Haus gewohnt. Immer wieder leben Menschen für eine Zeit bei ihnen. Berufliche Gäste werden in die Privatwohnung eingeladen. Das ist Alltag bei Simons.

Elke erinnert sich an einen Weihnachtsbesuch von Frau de Maizieré in Schwerin, der Frau des damaligen Chefs der Staatskanzlei, die als Mitarbeiterin in einer Familienberatungsstelle tätig war.

„Wie Sie das können", staunte Frau de Maizieré, „warum trennen sie nicht Beruf und Privatleben? Brauchen Sie keinen Abstand?"

Elke konnte nur erwidern: „Wir haben schon immer so gelebt. Eigentlich seit Freiburg, wo wir damals das Haus geleitet haben. Da waren auch die Kinder mittendrin."

Simons sind Kinder der 68er Generation, sie wollten von vorne herein als offene Familie leben.

Bei einer solchen Arbeit ist die Gefahr natürlich groß, dass die eigene Familie zu kurz kommt.

Wie haben die fünf Kinder diese Familie erlebt, in der es immer um Menschen am Rande der Gesellschaft ging. Eine Familie, in der die Eltern die Stunden nicht gezählt haben, einen Vater, der immer auf der Seite der Outlaws stand?

Ich frage nach, und siehe da, alle fünf sagen das Gleiche: sie sind stolz auf die Eltern. Aber jedes der Kinder brauchte manchmal einen Ausbruch aus der „System". Oder waren das vielleicht gar keine Ausbrüche, sondern auch wieder das Vorbild der Eltern, die ja ebenfalls in kein Schema passen?

Das soziale Herz jedenfalls hat auf alle abgefärbt.

Theresa hält fest: „Meine Eltern sind so viele Jahre treu verheiratet, mein Vater war trotz seiner Schmerzen immer im Dienst. Das ist toll. Natürlich,

Papa war viel unterwegs, hat sich aber sehr Zeit genommen für uns. Wir haben Ausflüge gemacht, viele Gesellschaftsspiele wie Risiko, Malefitz und Monopoly gespielt. Nervig war manchmal, dass in den Predigten so viele Beispiele von der Familie vorkamen. Das geht doch außer uns keinen etwas an, dachte ich oft."

Theresa weiter: „Wir hatten sehr viele interessante Gäste bei uns, das war spannend."

Lars pflichtet seiner Schwester bei. Und ergänzt: „Wenn wir irgendein Problem hatten, haben sie immer was für uns getan. Ich glaube, sie würden alles geben für ihre Kinder."

Enna findet es im Rückblick „gut ist es, dass sie nicht so 08-15 sind. Sie sind halt ein bisschen anders als die anderen. Als Kind war es manchmal etwas schwierig, wenn ich gefragt wurde, was mein Vater von Beruf ist (Evangelist – erklär das mal)."

Überaus positiv erlebt sie den Glauben ihrer Eltern: „Wir haben viel Gutes mitbekommen, aber es war nie eng oder oberfromm."

Manuel: „Ich könnte so viel erzählen von den Menschen, mit denen wir gelebt haben, es war immer was los. Ich war mit meinem Vater viel in Rumänien und Ungarn unterwegs. Meine Mutter ist eine typische Mutter, die bemuttert einen richtig, mit Essen, Wäsche waschen. Das ist manchmal ein bisschen belastend, meistens schön. Trotzdem mussten wir helfen und Verantwortung übernehmen. Ich habe mich um unseren Chow Chow gekümmert. Papa war immer sehr selbstbewusst, etwas Workaholic, aber er hatte auch eine selbstlose Art."

Schwierig für ihn waren die Umzüge, immer wieder in neue Schulen zu kommen. Doch er hält fest: „Insgesamt war es eine glückliche Kindheit, in einer ganz normalen durchgeknallten Familie."

Trotz aller Aktivitäten: Oberste Priorität hatte für Simons immer die Familie. Uve erklärt: „Wenn es brannte, war ich immer da, das war die Freiheit, die du als Leiter hast, du machst viele Stunden und Überstunden, kannst aber auch spontan herausgehen." Und so gab es viele spontane Momente als Familie, Ausflüge oder auch Kurzurlaube mit dem Wohnmobil.

Die Ehe – wie schafft man es bei diesem familiären und dienstlichen Betrieb füreinander Zeit zu finden?

Beide lächeln verschmitzt, schauen sich verliebt an. „Früher war das sehr schwer. In den letzten Jahren, als die Kinder aus dem Haus waren, haben wir uns gerne mal einen besonderen Tag gegönnt, sind Essen gegangen, haben Freunde besucht. Wir haben uns in den kleinen Momenten immer genügend Zärtlichkeiten geschenkt, nicht nur Sex, sondern Berührungen, Umarmungen. Wir genießen Zeiten der Vertraulichkeit."

Und der Glaube, wie lebt sich der, in einer solchen Arbeit?

Elke: „Morgens haben wir immer gemeinsam gebetet, mit den Kindern, und später auch als Ehepaar. Vielleicht war der Glaube am Küchentisch so besonders wichtig, weil wir nicht in das Schema der typischen Gemeinden passten. Nicht mit unserer Art, nicht mit unseren Klienten. Und auch nicht mit unserem Lebensstil – wann hatten wir schon mal Zeit, regelmäßig am Gemeindeleben teilzunehmen?"

Uve ergänzt: „Wir haben viele Kontakte zu Menschen gepflegt, die ein Herz für Jesus hatten und für Menschen, die am Rande stehen. Dieser Austausch, gerade auch der ehrliche und offene Austausch über die Probleme in der Ehe und der Familie, haben uns immer gut getan. Da gibt es auch Freundschaften, die seit vielen Jahre bestehen."

Elke: „Unseren Glauben haben wir immer als Mission verstanden – wir haben uns hingegeben, wir haben versucht Menschen mit der Liebe und Gnade Gottes zu erreichen, auch der Sozialbereich war für uns nie ein glaubensleerer Raum. Unser Glaube, das war immer unser Anspruch, sollte sich im Leben zeigen."

Uve: „Die Liebe zu Gott und zur Bibel waren immer da – auch wenn Enttäuschungen von Christen kamen, das war natürlich als missbrauchtes Kind besonders schwierig. Aber ich habe früh gelernt, mein Glaube muss stärker sein, als diese menschlichen Enttäuschungen."

Wie sagte Uves Freund Peter Rutkowski, ein früherer Profi-Catcher: „Uve, ich muss dir altem Haudegen doch nicht erst sagen: Die Frontkämpfer bekommen den meisten Dreck in die Fresse."

Im Ruhestand

Wir sitzen bei Simons im Garten. Der Mecklenburger Backsteinbau, ein altes Pfarrhaus, ist quer zur Straße gebaut, hinter dem Haus spendet eine große alte Kastanie Schatten. Der Nachbar hält Hühner, zwei Hunde tollen sich auf einer eingezäunten Wiese, ein abgemeldetes Hymermobil erinnert an vergangene Familienurlaube, mehrere Autos sind geparkt.

Wir sprechen über ihr Leben, schreiben am Buch. Da läutet das Telefon, dann das Handy, dann wieder das Telefon.

Enna ist dran. Dann Lars. Theresa. Janika aus Haiti. Uve war für ein paar Tage im Krankenhaus, Blutdruck und Blutzucker wurden überprüft. Uves Diabetes macht ihm zu schaffen, ein Aneurysma wurde entdeckt, das Bein muss erneut operiert werden. Die Kinder sind besorgt, Freunde aus ganz Deutschland melden sich. Nebenbei wird die Amerikareise weiterbesprochen, die Uve mit Manuel plant und dem CMT, dem Christlichen Männer Training e. V., mit Sitz in Celle, der deutschlandweit arbeitet. Uve trainiert Männer, nach 20 Jahren Vorstandsarbeit wurde er zum Ehrenvorsitzenden berufen.

Abends kommt ein Ehepaar zu Besuch, dass sich für eine Therapieeinrichtung beworben hat, in der Uve einen Umbruch als Coach begleitet.

Der Nachbar schaut mal rüber, bringt ein paar frische Hühnereier vorbei.

Seit 2012 sind Simons im Ruhestand. Die Leitung von Schloss Zahren haben sie in jüngere Hände gegeben. Bernd Osiablo, ein früherer Maurer, der nach der Wende arbeitslos wurde, bekam 1997 in der Einrichtung eine neue berufliche Perspektive. Er machte eine Weiterbildung zum Sozialtherapeuten. Heute leitet er das Schloss.

Ruhe? Hier ist der Bär los, langweilig wird es in Elkes und Uves Leben wohl nicht mehr werden. Sie sind Mitglieder im Blaukreuz-Verein geblieben. Betreuen weiterhin einzelne ehemalige Bewohner, einige wohnen in einem alten Haus, das Simons in Groß Vielen gekauft haben. Seit 2005 leitet Uve die Notfallseelsorge im Altkreis Müritz, heute steht er als ehrenamtlicher

Uve, 2005

Seelsorger zur Verfügung. Damit nicht genug: Im Hospiz in Neustrelitz besucht er Sterbende.

Und natürlich ist Uve weiterhin unterwegs. Zu Evangelisationen, zu Männertrainings, als Berater, Coach, Mediator und Supervisior.

Dabei kann Elke die Momente genießen, wo es mal richtig ruhig ist. Vor dem Küchenfenster hat sie sich eine „Storchenecke" eingerichtet. Ihr Blick geht aufs Feld, wo in einer Baumreihe ein Storchennest gebaut ist.

„Manchmal sitzen die Störche auch auf unserem Hausdach", erzählt Elke. Wenn sie die grazilen Vögel betrachtet, kommt es ihr vor, als blicke sie in einen Spiegel: Die Eltern, die ein Nest bauen. Die Jungen, die flügge werden. Die einen lernen sofort zu fliegen, die anderen kommen immer wieder ins Nest zurück. „Wie in der Familie", lacht Elke, und räumt die Küche auf.

Für ihre Verdienste sind Uve und Elke mehrfach geehrt worden.

Zu seinem 65sten Geburtstag erhält Uve das „Goldene Kronenkreuz", die höchste Ehrung des Diakonischen Werkes.

Elke wird sogar mit dem Bundesverdienstkreuz ausgezeichnet. Ursprünglich wurden Simons gemeinsam vorgeschlagen, um sie für den Aufbau der Einrichtung und ihre Lebensleistung zu würdigen.

Uve wird erst bei der Verleihung an Elke darüber informiert, dass er selber den Orden nicht bekommen könnte. Wegen seiner „grauen Vergangenheit". Die Übergabe mit dem Anstecken der Nadel findet in der Staatskanzlei statt, gegenüber dem Schweriner Schloss. Harald Ringstorff, Ministerpräsident von Mecklenburg-Vorpommern nimmt sie vor. Ein feierlicher Moment. Doch mit einem Stachel. Bleibt die kriminelle Vergangenheit eines Menschen ein Leben lang sein Stigma?

„Heute denke ich manchmal, ich hätte es wohl besser nicht annehmen sollen," kommen Elke leise Zweifel. „Habe ich es wirklich verdient? Uve hat doch viel mehr geleistet."

Uve lacht, und drückt sie an sich: „Na klar hast du das verdient! Du bist doch meine Frau."

Und so ist es doch auch ein bisschen eine Auszeichnung für ihr gemeinsames Leben. Als Ehepaar, als Eltern, und als Menschen mit einem Herzen für scheinbar hoffnungslose Fälle.

Nachwort

Janika, die älteste Tochter, schreibt ihrem Papa-Bär zum 65:

Es ist fünf Uhr morgens, schlaftrunken taumle ich aus dem Haus (nein, nein, ich habe keinen Alkohol am Abend vorher getrunken, der mir nun so müde Beine machen könnte – hier ist Alkohol VERBOTEN!). Um zur Toilette zu gelangen, muss ich nach draußen; auch die Dusche ist außerhalb des Hauses. In der Dusche findet dann meine erste Begegnung mit einem Lebewesen an diesem Tag statt, ein kleiner Gecko, also so eine Art Salamander, hat sich in der kleinen, ca. 1x1 m großen Nasszelle verirrt. Verzweifelt rennt er gegen die Wand und knallt mit voller Wucht gegen die Fliesen. Er findet den Weg nach draußen nicht. Ich versuche ihm zu helfen, was nicht so einfach ist, doch schließlich gelangt er wieder nach draußen – Freiheit!

„Früher hätte ich nur geschrien, wenn ich so ein Tier gesehen hätte", schmunzel ich über mich selber. Der Weg in die Küche, die ebenfalls außerhalb des Hauses liegt, sozusagen im Schuppen, wird schon weniger entspannt. Mitten im Kücheneingang liegt ein dickes schwarzes Etwas auf dem Rücken und versucht ebenfalls wieder den gewohnten Modus zu finden. Beine zappeln in der Luft. „Nee, vergiss es! Dir helf ich nicht!" Das Ding vor mir erregt meinen tiefsten Ekel. Es sieht aus wie eine Riesenkakerlake, so groß wie eine Kinderfaust, also Durchmesser vielleicht so 5 cm. Erst später stelle ich fest, dass das keine Ausnahme ist, sondern diese Kreaturen sich hier ganz munter in Massen tummeln. Besonders vor der Küche gefällt es ihnen gut, wahrscheinlich, weil da immer mal wieder ein paar Essensreste abfallen. Ein Kollege erklärt mir, dass das so eine bestimmte Art von Mistkäfern ist. „Jau, is klar!" Also in meinem Verständnis sind Mistkäfer schon auch eklig, aber wenigstens sind das dann nicht solche Monsterteile. Ich beschließe, die Dinger in Zukunft „Monster Cockroaches", also „Monsterkakerlaken" zu nennen. Das trifft es für mich am besten.

Es ist Mitte Oktober 2009, ich heiße Janika Simon, bin 28 Jahre alt und sitze gerade in einer verrotteten Stadt mitten im Darfur, einer Region im Sudan, dem größten Land Afrikas. Für ein halbes Jahr werde ich hier ein Projekt zur medizinischen Versorgung von Flüchtlingen koordinieren. Wir haben eine feste Klinik und drei sogenannte mobile Kliniken, die morgens zu den Menschen fahren, alles aufbauen und abends geht's dann wieder zurück. Insgesamt haben wir fast 70 sudanesische Mitarbeiter: vom Arzt über die Krankenschwester bis zum Fahrer.

Wir, meine Projekt-Kollegin und ich, wohnen zwar in einem festen Haus, aber das ganz alltägliche Leben hier hat schon was von Dauercamping. Dabei geht es uns für hiesige Verhältnisse doch ausgesprochen gut.

Im Darfur herrschte bis vor drei Jahren ein bitterer Bürgerkrieg, der im Grunde immer noch nicht vorbei ist. Allerdings hat sich die Lage mittlerweile einigermaßen beruhigt. Von stabil kann man jedoch nicht reden. Fast drei Millionen Menschen mussten aus ihrem Zuhause fliehen und leben nun in Flüchtlingslagern. Immer noch gibt es Entführungen, überall ist Militär, vermummte und bewaffnete sudanesische Reitermilizen auf Kamelen sind präsent, die Vereinten Nationen (UN) unterhalten hier ihre größte Blauhelm-Friedenstruppe, die versucht, den Konflikt unter Kontrolle zu halten. Aber es ist nach wie vor ein brodelndes Fass.

Der Sudan ist islamisch, ich muss bei über 40 Grad Hitze mit langen Klamotten rumlaufen. Schleier ist für mich, als Frau aus einem anderen Land, zwar nicht Pflicht, aber ich trage trotzdem meistens ein Kopftuch, damit ich nicht wie eine Außerirdische von allen angeglotzt werde. Zur Zeit bin ich die einzige „Weiße" hier in Kass, einer Stadt mit immerhin gut 130 000 Einwohnern.

Wie ich das alles schaffen werde? Gute Frage, nächste Frage!

Ich kann mich daran erinnern, wie ich als kleines Mädchen auf den Schultern meines Vaters saß. Er hat mich durch die Gegend getragen – trotz seiner kaputten Füße – und mir den Blick von oben ermöglicht. Generell, hat er es immer wieder geschafft, mir neue Perspektiven in meinem Leben zu geben, den Blickwinkel zu ändern. Und ich weiß, dass ich bei weitem nicht die Einzige bin, die das über ihn sagen kann. Er hat das Leben vieler Menschen geprägt.

In meiner Kinder-Puppenecke hing ein Vers aus Psalm 91: „Wer unter dem Schirm des Höchsten sitzt und unter dem Schatten des Allmächtigen bleibt, der spricht zu dem Herrn: Du bist meine Zuversicht, und meine Burg, mein Gott, auf den ich hoffe."

Das sind sicherlich zwei einschneidende Erfahrungen für mich gewesen, die mich bis heute ganz tief und nachhaltig prägen. Zum einen mein heiß geliebter Vater, der sicherlich auch mal wütend oder aufgebracht sein konnte, mir aber IMMER das Gefühl gab, dass ich auf seinen Schultern sitzen darf, mich an ihn anlehnen kann, er mich tragen wird. Zum anderen Gott, dessen Liebe ich nur deshalb so leicht annehmen kann, weil ich bereits einen Vater hier auf der Erde habe, der mich durch seine Liebe zu mir immer schon Gottes Liebe hat spüren lassen. Mein Papa-Bär Uve hat es mir einfach gemacht, dieses Geschenk der Liebe Gottes, das für jeden Menschen ganz persönlich gilt, anzunehmen.

Wie er das immer geschafft hat? Ich habe keine Ahnung. Der Mann scheint übernatürliche Kräfte zu besitzen. So scheint es uns doch allen manchmal, oder? Was er alles macht, um wen er sich alles kümmert, was für Kleinigkeiten er berücksichtigt, um Menschen eine Freude zu machen – das ist mir ziemlich oft unbegreiflich.

Manchmal, nein sehr oft sogar, möchte ich schreien: „Stopp, Papa! Du machst dich kaputt!", aber ich weiß, er ist nicht zu stoppen. Er wird immer so weitermachen, weil sein Herz ihn treibt, weil er nicht anders kann. Und ich weiß, dass seine Kraft aus einer Quelle kommt, die Unglaubliches möglich macht, die Quelle des ewigen Lebens: Jesus Christus, der lebendige Sohn Gottes.

Wer auch immer denkt: „Das ist doch alles Quatsch mit Soße – diese Geschichte mit Jesus und Gott und so!", der gucke sich diesen Uve an.

Letzte Nacht wurde bei uns in der Nachbarschaft bei einer anderen Hilfsorganisation versucht einzubrechen. Die beiden Wächter vor dem Haus wurden überwältigt, einer sofort an Ort und Stelle erschossen, der andere entführt und später auch tot aufgefunden. Eventuell ging es den Tätern nur um die AK-47, vielleicht wollten sie auch das Auto aus dem Innenhof stehlen. Sowas kommt hier immer mal wieder vor. Sind wir vielleicht die Nächsten? Kommen wir morgen sicher mit unserer mobilen Klinik an? Klar bekommt man Angst, wenn solche Fragen jeden Tag total präsent sind, aber davon darf man sich nicht einnehmen lassen.

Mein Vater hat mir vorgelebt, dass man zwar nicht unvorsichtig leben soll, es aber immer wieder neue Herausforderungen im Leben gibt. Und an solchen Herausforderungen kann man wachsen. Und wenn man dann noch Gott kennt, der unser aller Vater ist und damit auch Ersatz für die, die nie einen irdischen Vater hatten, wenn man ihn an seiner Seite hat, dann braucht man keine Angst mehr zu haben.

„Wer unter dem Schirm des Höchsten sitzt und unter dem Schatten des Allmächtigen bleibt, der spricht zu dem Herrn: Du bist meine Zuversicht, und meine Burg, mein Gott, auf den ich hoffe."

Paputschka, ich danke dir von ganzem Herzen, dass du mir das mit auf meinen Lebensweg gegeben hast und mir dadurch immer wieder ganz neue Welten eröffnest.

Ich liebe dich von ganzem Herzen!!!

Deine Janika